중국어 통시음운론

중국어
통시음운론

이재돈 지음

學古房

책머리에

　원고를 써서 그것을 인쇄해 내는 것을 活字化한다고 하는데, 왜 그렇게 부를까? 活字라는 말을 각 글자가 가지는 의미를 살려 해석하면 글자가 살아 있다는 의미로 풀이될 것이다. 즉 활자화란 인쇄와 동시에 인쇄된 글자들이 생명력을 가지고 살아서 움직이게 한다는 의미에서 그렇게 이름 지은 것이 아닌가 생각된다. 일단 활자화되면 그 글은 살아 움직여 수많은 독자들에게 전달될 뿐 아니라, 그 글을 쓴 사람의 이름도 그 글과 영원히 같이 한다는 것이 된다. 그러니 글을 써서 활자화하는 것은 신중히 결정해야 하고, 또한 두려운 일이다. 내가 쓴 글의 내용에 오류도 있을 수도 있고, 또 다른 사람들과 생각이 다를 수도 있으니 활자화한다는 것은 여간 조심스러운 일이 아닌 것이다.

　이 책을 써서 활자화하는 것도 매우 조심스럽게 결정한 일이다. 이 글은 원래 필자의 박사학위 논문인 『中國 近世官話의 音韻 演變 硏究』를 수정 및 보완한 것으로서, 중국의 원대에 편찬된 운서인 『中原音韻』이후 현대중국어, 특히 현대북경어에 이르기까지의 통시적인 변화를 거시적으로 살펴본 것이다. 이 시기의 음운체계를 반영한 개별적인 자료들을 연구한 결과들은 비교적 많으나 이들 결과들을 사적인 측면에서 살펴본 연구는 그리 많지 않기 때문이다. 또한 방법론에 있어서도 중국 음운학 연구의 전통적인 방법을 서양의 음운론의 연구 방법과 접목하여 음운 변천의 과정을 살핌으로써 연구자들에게 새로운 방법론을 소개하고자 하는 마음의 발로에서이다.

애당초 이러한 의도를 가지고 나름 자신 있게 글을 완성하였으나 불완전하거나 잘못 풀이한 내용이 있지 않을까 걱정이 앞서는 것은 사실이다. 또한 활자화한 이후 영원히 책임을 져야 한다는 두려움이 앞선다. 그럼에도 불구하고 활자화하기로 결정한 것은 한편으로는 불완전한 내용이라 하더라도 공유하여 많은 토론과 질정을 통하여 개선의 방법을 모색하는 것이 도리인 것으로 생각해서이고, 다른 한편으로는 이 분야를 연구하는 후학들에게 최소한의 자료로서 도움을 주고, 방법론을 소개하는 것이 더 가치 있는 일이 아닐까 하는 생각에서이다.

출판사로서는 학술서적의 출판을 점점 꺼리게 되는 요즈음 경제적 이익을 돌보지 아니하고 이 책의 출판을 흔쾌히 동의해주신 도서출판 학고방 하운근 사장님께 진심으로 감사의 마음을 표하고, 많은 언어학의 부호가 있어 어려움이 많았을 텐데도 수고를 마다하고 정성을 다 해 주신 조연순 편집팀장에게도 고마운 마음 전하는 바이다.

2019년 4월 30일
이재돈 씀

目 次

제1장 序論 ………………………………………………… 11
　1.1 연구 범위 ………………………………………… 11
　1.2 이론과 방법 ……………………………………… 14
　　1.2.1 音韻論의 채택 ……………………………… 14
　　1.2.2 中國語 음절 분석 ………………………… 19

제2장 『中原音韻』의 音韻體系 ………………………… 25
　2.1 『中原音韻』 槪觀 ………………………………… 25
　2.2 이전의 『中原音韻』音韻體系에 대한 연구 소개 ………… 28
　2.3 『中原音韻』의 聲·韻·調 체계 …………………… 32
　　2.3.1 『中原音韻』의 聲母 체계 ………………… 32
　　2.3.2 『中原音韻』의 韻母 체계 ………………… 35
　　2.3.3 『中原音韻』의 聲調 체계 ………………… 40

제3장 『中原音韻』 이후의 주요 자료 및
　　　이에 반영된 音系의 槪觀 ……………………… 43
　3.1 자료 처리의 원칙 ………………………………… 43
　3.2 中國資料 …………………………………………… 46
　　3.2.1 『韻略易通』 …………………………………… 46
　　3.2.2 『重訂司馬溫公等韻圖經』 ………………… 47
　　3.2.3 『西儒耳目資』 ………………………………… 52
　　3.2.4 『韻略匯通』 …………………………………… 55

  3.2.5 『五方元音』 ·· 58
  3.2.6 十三轍 ··· 60
 3.3 朝鮮시대의 對音자료 ·· 62

제4장 『中原音韻』 이후 聲母 音韻의 변화 ···················· 65
 4.1 脣音 ··· 65
 4.2 舌頭音 ··· 68
 4.3 齒頭音 ··· 68
 4.4 齒上音 ··· 69
 4.5 喉牙音 ··· 71
  4.5.1 疑母의 변화 ·· 71
  4.5.2 見系와 精系의 顎化現象 ··· 73
 4.6 日母字의 증가 ·· 89

제5장 『中原音韻』 이후 韻母 音韻의 변화 ···················· 95
 5.1 閉口韻의 변화 ··· 95
 5.2 抵顎韻의 변화 ··· 99
  5.2.1 寒山, 桓歡, 先天韻 ··· 99
  5.2.2 眞文韻 ·· 102
 5.3 穿鼻音의 변화 ··· 104
  5.3.1 東鐘과 庚青韻 ·· 104
  5.3.2 江陽韻 ·· 109
 5.4 收噫韻-- 齊微, 皆來韻의 변화 ·· 109
  5.4.1 齊微韻 ·· 109
  5.4.2 皆來韻 ·· 112
 5.5 收嗚韻--蕭豪, 尤侯韻의 변화 ··· 114
 5.6 直音韻--支思, 魚模, 歌戈, 車遮, 家麻韻의 변화 ········· 114

  5.6.1 支思, 魚模韻 ·· 114
  5.6.2 歌戈, 車遮韻 ·· 120
  5.6.3 家麻韻 ··· 123
 5.7. 兒化韻의 發生 ··· 123

제6장 『中原音韻』 이후 聲調의 변화 ························· 129
 6.1 舒聲字의 변화 ·· 129
 6.2 入聲字의 변화 ·· 131
  6.2.1 『中原音韻』의 入聲 ································· 131
  6.2.2 通江宕梗曾攝의 변화 ······························ 135
  6.2.3 臻山深咸攝의 변화 ·································· 144
  6.2.4 舒聲으로 변한 이후의 성조 ····················· 146

제7장 結論 ·· 151
 7.1 聲, 韻, 調 변화상의 특징 ································ 152
  7.1.1 聲母 ··· 152
  7.1.2 韻母 ··· 153
  7.1.3 聲調 ··· 155
 7.2 近世官話 音韻의 변화 순서 ····························· 156
 7.3 音變 규율성의 재검토 ···································· 158
 7.4 『中原音韻』과 現代北京語와의 관계 ················ 160

參考資料 _ 161

제1장 序論

1.1 연구 범위

각 민족의 언어를 통시적으로 연구하는데 있어서의 기본적인 전제 중의 하나는 언어는 일정한 하나의 형태로 고정되어 있는 것이 아니라, 시간의 흐름에 따라 부단히 변화한다는 점이다. 따라서 오늘날 우리가 사용하고 있는 언어는 아득한 과거의 시간에서부터 같은 형태로 존재해온 것이 아니고 오랜 시간에 걸쳐 복잡한 변화를 거친 산물인 것이다. 이러한 측면에서 볼 때에 한 언어의 통시적 변화과정을 검토하는 것은 그 언어의 본질적인 면을 밝히는 데에 있어서 매우 중요한 역할을 한다고 볼 수 있는 것이다.

中國語의 역사는 그것을 보는 각도에 따라 시기가 다르게 구분될 수 있다. 즉 語法, 語音, 語彙 등의 관점에서 시기를 구분하게 되면 그 결과는 서로 다를 수 있다는 것이다. 그러나 中國語의 語音史를 연구하는 학자들은 일반적으로 中國語가 역사적으로 변화해 온 과정을 세 단계의 주요시기로 나누어 설명하고 있다. 즉『詩經』,『楚辭』및 先秦시대의 여러 諧聲 자률 등을 통하여 반영되는 上古音系와『切韻』(A.D.601)과 宋代의 여러 等韻圖 등에 반영되는 中古音系, 그리고『中原音韻』에서 現

代北京語에 이르기까지의 近世官話音系로 분류된다.1) 이 중 近世官話音系를 近代音系라고도 한다.

여기에서는 위에서 언급한『中原音韻』에서 現代北京語에 이르는 近世官話音系의 音韻이 통시적으로 변화해 온 현상을 종합적으로 분석하는 것을 목표로 하고 있다. 이러한 연구를 하게 된 데에는 몇 가지의 이유가 있다. 첫째, 이러한 연구를 통해서 우리는 한 시기와 다른 시기 사이의 언어현상에서 나타나는 괴리를 이해할 수 있다. 다시 말하자면 문헌기록을 통하여 나타나는 각 시기 사이의 언어적 괴리현상이 어떠한 점진적인 변화를 거쳐 형성된 것인가를 파악할 수 있는 것이다. 따라서 지금까지 서로 어떠한 관련을 갖고 있는지 잘 이해할 수 없었던 각 시기의 언어현상들은 이러한 연구를 통해서 일관적인 체계 속에서 이해될 수 있을 것이며, 그 결과 각 시기의 언어는 단편적인 현상으로만 설명되지 않고 하나의 체계 속에서 상호 관련이 있는 변화의 측면에서 설명될 수 있는 것이다. 둘째, 이러한 연구를 통하여 우리는 각 시기의 고유한 문학작품을 분명히 이해할 수 있다. 中國의 문학작품은 詩, 詞, 曲 등의 韻文에서 볼 수 있는 바와 같이 언어의 교묘한 구사를 통해서 만들어진 것이 많다. 이러한 작품들을 이해하기 위해서는 내용의 파악에 앞서서 그것들이 내포하고 있는 음악적인 요소나 언어적인 요소를 파악하지 않으면 안 된다. 따라서 이러한 것들을 이해하기 위해서는 그 작품들이 쓰여진 시기의 언어의 여러 가지 특성을 파악하는 것이 필수적이며, 이러한 것들

---

1) 각 시기에 붙여진 명칭은 현대 학자들 간에 서로 다르기는 하나 그 내용면에 있어서는 대략 일치한다고 볼 수 있다. 예를 들면 B.Karlgren은 上古漢語를 Archaic Chinese, 中古漢語를 Ancient Chinese라 한 반면, E.G.Pulleyblank는 이들을 각각 Old Chinese, Middle Chinese라 부르고 있으나 이들이 가리키고 있는 바는 거의 같다.

을 이해하고 난 뒤에는 이들 각 시기의 문학작품을 보다 효과적으로 감상할 수 있을 것이다. 셋째, 지금까지 近世官話의 음운체계에 관한 연구는 비록 많기는 하지만 대부분 자료 하나 하나를 중심으로 한 斷片的인 것이지 통시적으로 어떻게 변화해왔는가를 심도 있게 분석한 것은 극히 드물다.2) 더욱이 통시적인 각도에서 연구를 했다하더라도 사람에 따라 자료를 취급하는 방법 및 관점의 차이로 인하여 보편적인 결론을 도출하는 데에는 이르지 못했기 때문이다. 그리고 마지막으로, 우리가 어느 언어의 通史를 연구하는데 있어 그 연구하는 분야가 현대에 가까울수록 音韻의 통시적인 변화과정을 객관적이고 정확히 이해할 수 있을 것이며, 그것을 바탕으로 하여 그 이전 단계를 연구하게 되면 훨씬 보편타당한 결론을 얻을 수 있을 것이라는 가정을 전제로 한 것이다. 물론 시기적으로 뒤에 있는 단계를 연구하는 데 있어서 이전 단계의 언어에 관한 지식이 필요하지 않다는 것은 아니다. 어느 한 단계의 언어에 대하여 충분하게 파악하고 있으면 그것을 바탕으로 한 그 이전 단계의 언어현상에 관한 연구는 더 용이하며 거기에서 얻어지는 결론도 한층 더 객관적일 가능성이 있다는 것이다.

  이 연구의 목적은 앞에서도 이미 언급하였듯이 1324년 周德淸이 편찬한 『中原音韻』에 반영된 古官話(혹은 早期官話라고도 칭함)를 출발점으로 하여 現代중국어에 이르기까지, 즉 近世官話 音韻의 통시적인 변화과정을 분석하는 것이다. 現代중국어는 이미 音韻論的으로 잘 해석되어 있기 때문에 그것을 토대로 이전 단계인 近世官話 음운의 통시적 변화과정을 살피는 것은 그다지 어려운 일이 아닐 것으로 생각된다.

---

2) 자세한 사항은 뒤의 참고문헌 참조.

1.2 이론과 방법

1.2.1 音韻論의 채택

1.2.1.1 言語學이란 일반적으로 말하자면 언어를 과학적으로 연구하는 학문이라고 정의할 수 있다. 그런데 이 言語學은 어느 나라를 막론하고 언어의 통시적 변화에 관한 연구, 즉 歷史言語學(Historical Linguistics)에서 시작되었다. 그 중 어음의 역사에 관한 연구는 "음의 변화에는 반드시 규율이 있다"[3]라는 기본적 가설을 바탕으로 한다. 이러하여 역사 言語學者들의 주된 목표도 역시 이러한 音變의 규율을 어떻게 發見하고 확인하는가 하는 것이었다. 그러나 종래의 歷史音韻論에 관한 연구에서는 음운의 통시적 변화에서 체계적인 규율을 찾지 못하고 단편적인 규율만을 언급하거나, 때로는 분명치 못한 해석을 해 놓은 것을 종종 볼 수 있다. 바꾸어 말하자면, 종래의 학자들은 음운 변화 규율의 본질과 그 규율 사이의 상호 관계를 찾지 못했기 때문에 자연히 통시적 변화의 구체적인 상황을 파악하는 데에는 이르지 못했던 것이다.

이러한 실패의 원인으로는 당연히 이러한 통시적인 변화과정을 言語學적인 면에서 고찰하는 작업이 쉽지가 않다는 점을 들 수 있으나, 中國語言學의 특수한 상황을 들 수 있다. 즉, 역사적인 文獻의 수량이 방대할 뿐만 아니라 역대로 方言의 분기가 심했던 까닭으로 이들의 상황을 反映하는 文獻들을 통해서 어떠한 체계를 찾아내기가 어렵다는 점을 들 수 있다. 그러나 이보다 더 근본적인 원인으로는 종래의 학자들이 음운 이

---

[3] "Sound changes are regular"라는 20세기 초기 젊은이어법학자(neogrammarians)들의 가설로서 이에 관해서는 이후 많은 학자들의 수정과 반론이 제기되었지만 아직도 歷史言語學의 연구에서는 중요한 가설로 사용되고 있다.

론에 대한 이해가 부족했다는 점과 그들이 택한 方法이 부적절했다는 점을 지적할 수가 있을 것이다. 즉 그들이 선택한 方法은 대부분 音聲學的(Phonetics)인 側面에서 고찰하였기 때문이다.

소위 "음의 변화에는 반드시 규율이 있다"라는 명제는 音聲學적인 접근 방법을 통해서도 증명될 수 있겠지만, 그것은 어디까지나 槪略的이고 부분적인 것에 그칠 따름이지 종합적이고 전면적으로 설명하기에는 충분하지 않다. 그 이유는 語音의 변화란 音聲學적인 접근 방법에서의 연구 대상인 개별 語音의 변화라기보다 그 언어가 가지고 있는 고유한 音韻체계의 변화이기 때문이다. 그러므로 "음의 변화에는 반드시 규율이 있다"라는 명제도 音韻구조의 기초 위에서 보다 뚜렷이 볼 수 있는 것이다. 사실 語音의 변화는 語音체계에는 영향을 미치지 않고 단순히 발음상의 변이가 일어나는 것과 音韻의 수와 分布에 영향을 미치면서 변화가 일어나는 것의 두 가지로 구별된다.4) 그러나 대다수의 상황에서는 音韻의 변화는 발음 변화의 영향을 직접 받은 것이기 때문에 音韻의 변화와 발음의 변화를 완전히 동일한 것으로 생각할 수 있다. 그러나 상황에 따라서는 직접 발음 변화의 영향을 받지 않은 音韻도 체계상 변화할 수 있을 뿐 아니라, 반대로 발음 변화의 직접적인 영향을 받은 音韻이 변화하지 않을 수도 있다.5) 이러한 상황은 특히 中國語의 音韻史를 연구하는 데 있어 종종 발견된다. 그러므로 語音의 변화와 音韻의 변화는 본질적으로 다르다고 할 수 있으며, 위에서 말한 규율은 개별적인 발음의 변

---

4) 金芳漢, 『歷史-比較言語學』, 民音社, p.41.
5) 예를 들면, 日母字는 원래 顎化鼻音이었으나 唐代에 鼻音성분을 잃고(李榮, 1952, p.19), 宋代에 이르러서는 章系聲母를 따라 捲舌音으로 변하였다. 이러한 두 차례의 변화과정을 거쳤으나 시종 독립된 音韻을 구성하며 기타 聲母와 대립이 되고 있다.

화에서 나타나는 것이 아니라, 발음의 변화로부터 야기된 音韻체계 중 각 音韻이 변화하는 데에서 나타나는 것이라 할 수 있다. 이러한 의미에서 볼 때, 歷史言語學이란 그것이 音韻論적으로 연구될 때 의미가 있고 音 변화에 대한 정확한 해석도 내릴 수 있다고 할 수 있다. 그렇다고 해서 音聲學이 완전히 배제되는 것은 아니다. 왜냐하면 音韻論의 연구를 위해서는 무엇보다도 음성에 관한 지식이 기초이기 때문이다.

   西歐의 言語學에서는 위와 같은 이론이 20세기 초에 이르러서야 비로소 제기되었다. 19세기 言語學은 音聲學이 주류를 이루었는데 당시의 학자들은 사람이 낼 수 있는 소리를 자연적이고 물리적인 현상으로 간주하고 연구를 하였다. 그러나 이러한 연구는 아무리 정밀하고 자세하다 하더라도 언어에서 소리가 부담하고 있는 의미상의 辨別的 기능(distinctive function)을 나타낼 수 없다. 따라서 19세기 말경 이러한 音聲學이 그 발달의 절정에 이르렀을 때, 語音에는 音聲學적인 연구가 아무리 발달하더라도 그것만으로는 밝힐 수 없는 일면이 있다는 사실이 인식되기 시작했다. 즉 당시의 학자들은 이러한 音聲學的인 方法이 言語學 연구의 궁극적인 目的이 아니라는 것을 깨닫고, 하나하나의 소리가 그 언어 내에서 어떠한 체계를 이루며, 또 그들 상호간에는 어떠한 관계가 있는가 하는 기능적인 측면에 관심을 갖게 되었다. 이러한 인식의 변화에 따라 나타난 것이 바로 音韻論(phonology)으로서, 그 연구 대상은 이러한 소리의 物理的 현상이 아니라, 그 언어에서 소리가 어떻게 운용되며, 그 언어가 어떠한 체계를 이루고 있는가를 연구하는 것이다. 이러한 音韻論의 方法에 의하면 歷史言語學에 있어서 각 시대의 音韻 체계를 인식하고, 아울러 그 결과를 토대로 하여 각 시기 사이의 音韻의 대응 관계를 찾는 것은 그다지 어렵지 않다고 할 수 있다.

   이 音韻論은 20세기 초 프라하학파[6)]의 여러 학자들이 이론적인 체계를 세운 후 言語學 연구의 중요한 밑바탕이 되었다. 프라하학파에서 주장하는 音聲學과 音韻論의 근본적인 차이는 언어의 연구에 있어서 그 機能(function)을 고려하는가 하지 않는가이다. 그리고 音韻論만이 言語學에 속하며 音聲學은 하나의 보조과학이라는 것이 그들의 생각이었다. 그들은 語音에 있어서의 어떤 차이는 의미를 구별하면 중요하지만, 그렇지 않으면 차이는 중요하지 않다고 여겼다. 즉, 중요한 것은 그 차이가 辨別的 機能을 가지고 있느냐 의 여부라는 것이다. 이러한 이론을 歷史言語學에 도입하여 史的 音韻論을 체계적으로 수립한 사람이 야콥슨(R.Jacobson)이다. 그는 1928년 제 1차 國際言語學者大會에서 제시된 史的 音韻論의 원리를 가지고 처음으로 슬라브諸語의 연구에 적용하였다. 그 이후 프랑스의 마르띠네(A.Martinet) 등의 연구를 거쳐 그들의 이론은 歷史言語學 연구에 있어서 중요한 이론적인 바탕이 되었다.7) 그러나 그 이후 모든 학자들이 이 이론을 받아들인 것은 아니다. 예를 들면 칼그렌(B.Karlgren) 같은 학자는 이 이론을 절대로 받아들이지 않았다. 그는 吳音, 漢音, 越南漢字音, 韓國漢字音, 그리고 현대의 여러 方言 등을 비교하여 中古音系를 再構하였다.8) 그의 연구 결과는 비록 근대적인 의미의 中國言語學의 길을 열어준 획기적인 勞作으로 평가받고 있으나, 그것이 기본적으로 音聲學적인 기초 위에서 고찰된 까닭으로 그에 의해서 再構된 音系도 여전히 음성적인 면에 얽매일 수밖에 없어 오히려 '有

---

6) 李基文外, 『國語音韻論』, 學硏社, pp.23-24.
7) 프라하학파는 1926년에 프라하言語學團(Prague Linguistic Circle)이라는 명칭 하에 야콥슨, 트루베츠코이 등의 학자들을 중심으로, 이전의 쏘쉬르 등의 言語學 사상에 큰 관심을 갖고 구성된 학파로서 현대音韻論의 이론 정립에 큰 공헌을 하였다.
8) 그는 1915년 *Etudes sur la phonologie chinoise*(『中國音韻學硏究』)라는 논문으로 박사학위를 받은 뒤, 1926년까지 계속 보완하여 그 책을 완성하였다.

意味的인 구분', 즉 소리가 부담하고 있는 기능적인 측면을 간과한 아쉬움이 있다.9)

1.2.1.2 여기에서는 音韻論的인 방법을 가지고 『中原音韻』에서 現代中國語에 이르기까지의 긴 기간 동안의 音韻의 통시적 변화 과정을 설명하고자 한다. 그러나 전통적인 연구방법을 완전히 무시하는 것은 아니다. 中國에서 전통적으로 행하여 오던 연구방법이 지난 수세기 동안 충분히 이해되지 않았던 것은 사실이다. 그러나 현대에 접어들면서 위에서 언급한 音韻論 등 西歐의 새로운 이론의 도움을 받음으로써 이 전통적인 방법론은 잘 이해될 수가 있으리라고 생각한다. 따라서 이들 양자를 융합하여 연구를 진행하게 되면 더욱 훌륭한 결론을 얻을 수 있을 것이다.

이 글에서는 통시적인 규율을 설정하는 데 있어 辨別的資質(distinctive feature)을 사용하지 않고 하나하나의 音韻을 사용하였다. 핼리(M.Halle) 등 현대음운학자들에 의해서 辨別的資質을 가지고 접근하는 방법이 유리하다는 것이 증명되었지만10) 그 방법을 사용하지 않은 이유는 우선, 『中原音韻』이 대표하는 古官話에 대한 지식이 辨別的資質과 관련시켜 설명하기에는 아직 충분할 만큼 확실하지 않기 때문이다. 그러나 더욱 중요한 이유로는 音韻論적인 방법만으로도 현재로서는 접근하기가 쉽기 때문이다. 이러한 音韻論적 접근 방법의 불리함은 음과 資質을 동시에 병기하는 방법을 통하여 어느 정도 보충이 될 것으로 생각한다. 장래에 古官話에 대한 충분한 지식을 얻을 때에 이것을 다시 資質로 바꾸어 설명하는 것은 어려운 일이 아닐 것이다. 따라서 결국 양자의 방

---

9) 藤堂明保, 「中國語の史的音韻論」, 『日本中國學會報』 6, 1954, p.6.
10) Halle, Phonology in Generative Grammar, *Word* 18. 1962, pp.54-72.

법론 사이에는 근본적으로 많은 차이가 없다고 할 수 있다.

1.2.2 中國語 음절 분석

中國의 전통적인 聲韻學은 줄곧 개별 字音의 분석에 초점을 맞추어 왔다. 이러한 사실은 물론 中國語 자체가 單音節性이 강한 언어라는 사실에 비추어 보아도 짐작할 수 있다.[11] 上古 中國語나 中古 中國語에서도 雙音節, 혹은 多音節의 形態素가 존재하였으며, 그러한 形態素들이 줄곧 증가하여 온 것도 사실이지만 現代中國語에서도 雙音節, 혹은 多音節 形態素의 숫자는 아주 적다. 더욱이 현대 中國人들 조차도 하나하나의 음절에다가 각각의 意味를 부여하려는 경향이 있는 것을 보면 그들의 單音節性에 대한 잠재적인 의식이 강하다는 것을 엿볼 수 있다. 그러므로 中國語의 음절을 분석하는 데 있어서는 전통적인 方法을 사용하는 것이 오히려 더 실질적이며 편리하다고 할 수 있겠다. 실제로 대부분의 학자들은 이러한 方法을 채택하고 있다.

1.2.2.1 음절의 구성요소

전통적인 方法으로는 中國語의 음절을 우선 聲母, 韻母, 그리고 聲調의 세 부분으로 분류한다. 이들 중 韻母는 다시 韻頭(或은 介音), 韻腹(或은 主要元音), 韻尾(或은 收尾)의 세 부분으로 분류한다. 따라서 中國語의 음절은 다음과 같은 형태로 표시할 수 있다.

#(C)(M)V(E)/T#
(C: 聲母, M: 介音, V: 主要元音, E: 韻尾, T: 聲調)

---

[11] Yuen Ren Chao, *GRAMMAR OF SPOKEN CHINESE*, 1968, p.139.

이 공식은 수 세기 동안 전통적으로 음절을 분석하는 데에 있어서 널리 사용되어 왔을 뿐 아니라 現代中國語를 共時的으로 분석하는 데에도 예외 없이 적용할 수 있다. 따라서 中國語의 역사적인 연구나 현대 각 방언의 비교 연구에 이러한 방법을 사용하게 되면 전혀 무리가 없다고 확언할 수 있다.

위의 공식에서 다섯 개의 문자는 각각 聲母, 介音, 主要元音(韻腹), 韻尾와 聲調를 나타내며 괄호 안의 요소는 음절의 구성에 필수적인 요소가 아니라는 의미이다. 성조를 제외한 네 개의 分節音素(segmental phoneme) 가운데 主要元音에는 괄호가 없는데 이것은 中國語의 각 음절에 主要元音은 필수적으로 존재하여야 한다는 것이다. 즉 主要元音을 제외한 다른 요소들은 음절을 구성하는 기능적 측면에서 중요하지만, 主要元音은 위의 네 개의 分節音素 중 가장 중요한 성분으로서 그 자체가 음절을 구성할 수 있을 뿐만 아니라, 음절을 구성하는 가장 필수적인 성분인 音節峰(peak of syllable 혹은 syllabic peak)이다. 이렇게 음절을 정의하게 되면 主要元音이 없는 음절이나 成音節補音(syllabic consonants) 등과 같은 개념은 자연히 부정된다.[12]

詩歌에서 押韻을 할 때에는 介音, 主要元音(韻腹), 韻尾의 세 요소 중 主要元音과 韻尾가 같은 음절끼리만 押韻을 할 수 있다. 위의 공식의 공식을 가지고 설명하자면 V(E)가 같은 음절끼리만 押韻을 할 수 있는 것이다. 이 글에서는 이 V(E)를 押韻의 기본적인 요소라는 의미에서 '韻基'라는 용어로써 나타내기로 하겠다. 따라서 押韻의 이러한 정의는 음절의 위와 같은 정의를 받아들일 때에만 가능한 것이라 하겠다. 그렇다

---

12) 主要元音이 없는 음절은 '哼'[hŋ], '噷'[hm] 등과 같은 음절을 말하며, 成音節補音이란 呣[m], 嗯[n 혹은 ŋ] 등과 같이 보음 자체가 음절을 이루는 경우를 말한다.

고 해서 예외가 없는 것은 아니지만 이러한 예외들은 논외로 해야 할 것이며, 音韻論的 이외의 방법으로 설명되어야 할 것이다.

1.2.2.2 聲調

중국어의 음절을 구성하는 데 있어 없어서는 안 되는 필수요소인 聲調의 성질에 관해서도 많은 가설이 있지만 다음의 네 가지로 대략 요약될 수 있다. 첫째, 성조는 음절 전체에 미친다. 둘째, 음절 중 가장 처음 나타나는 濁音 요소 이후에만 미친다.[13] 셋째, 운모 전체에 미친다. 넷째, 元音에만 미친다. 그러나 앞에서 언급한 바와 같이 詩歌, 특히 근체시에서는 主要元音과 韻尾, 성조가 같은 음절, 즉 V(E)와 T가 같은 음절끼리만 압운할 수 있다는 점을 감안한다면 성조는 주요원음과 운미에 미친다고 해야 할 것 같다.

그런데, 일반적으로 元音의 音素가 인접하고 있는 요소들의 영향을 받아 음성적으로 달리 실현될 수 있듯이 성조도 음절의 다른 요소들보다도 元音의 위에서 음성적으로 확장될 수 있다.

1.2.2.3 介音

中古 이후 운모는 원래 開合 兩呼에서 점점 분화하였다. 開口呼는 開口呼와 齊齒呼로, 合口呼는 合口呼와 撮口乎로 각각 분화하여 근세에 들어 수세기 동안 中國語의 음절은 開口, 齊齒, 合口, 撮口의 네 형태로 분류되어 왔다. 開口는 介音이 없고 齊齒는 [i]介音, 合口는 [u], 撮口는 [ü]介音을 지닌 음절을 가리킨다. 과거 中國 학자들의 이러한 분류는 介音의 차이를 근거로 한 것이다. 현대의 대부분의 학자들도 일반적으로 이러한

---

13) Yuen Ren Chao, 위의 책 p.19.

분류법을 따르고 있지만 어떤 경우에는 이것들의 실제 音價로 인해 혼돈되기도 한다. 따라서 그들의 결론은 이러한 전통적인 분류의 진정한 의미를 뚜렷이 반영하지 못하고 사람들로 하여금 介音을 主要元音으로 오해하게끔 하고 있다.14) 따라서 여기에서는 四呼의 분류는 순수히 그리고 오로지 음절의 介音을 근거로 한 것이지, 다른 더 이상의 의미는 없다.

介音은 아무리 음성적으로 元音에 가깝다고 하더라도 元音(V)과 완전히 꼭 같을 수는 없기 때문에 半元音으로 간주하는 것이 타당하리라 생각된다. 따라서 여기에서는 齊齒에는 /y/를, 合口에는 /w/를 사용하기로 한다. 撮口는 조금 복잡하기는 하지만, Hartman의 방법을 따라 /yw/라는 복합적인 부호를 사용하기로 한다. 그러나 Hartman이 이것을 두 개의 音韻으로 간주한 것과는 달리 여기에서는 하나의 音韻을 표시하는 資質로 간주한다.15) 그러면 /y/는 舌面性, 즉 [+palatalization]을, /w/는 圓脣形, 즉 [+labialization]을 나타내게 된다. 이리하여 앞에서 분류한 四呼는 다음과 같이 표시할 수 있다.

四呼	介音	資質
開口	-0-	[-pal]
		[-lab]
齊齒	-y-	[+pal]
		[-lab]
合口	-w-	[-pal]
		[+lab]
撮口	-yw-	[+pal]
		[+lab]

---

14) 董同龢, 『漢語音韻學』, 1968, p.21.
15) Lawton M. Hartman 3D, The Segmental Phonemes of the Peiping Dialect, *Language* 20, 1944, pp.28-42.

이렇게 四呼에 대하여 정의를 하게 되면 전통적인 開, 合, 洪, 細라는 개념도 자연히 설명이 된다. 위의 분류에서 開合은 [+labialization]의 有無에 의한 대립이고, 洪細는 [+palatalization]의 有無에 의한 대립임을 볼 수 있다. 즉 넓은 의미의 開는 韻頭에 /y/를 포함하지 않는 반면, 細는 그것을 포함하고 있다.16)

1.2.2.4 韻尾

韻尾는 介音에 비해 그 앞에 있는 元音과 더 가깝게 결합된 것 같다. 그것은 주요원음과 운미가 하나의 압운단위인 것에서 알 수 있고, 또 주음부호에서 이 두 요소, 즉 위의 V(E)를 하나의 부호로써 표시하는 사실에서도 엿볼 수 있다.17)

그러면 왜 韻尾 E의 존재를 설명해야 하는가라는 의문이 생길 수 있다. 그것은 現代北京語에서는 여전히 E의 존재가 뚜렷하고 또한 그것의 존재는 원음의 체계를 설명하는 데 중요한 역할을 하기 때문이다. 더욱이 韻尾에 따라 음절을 여러 형태로 분류하는 것 역시 전통적인 방법이기도 하다.

現代北京語에는 [-i, -u, -n, -ŋ, -r]의 다섯 개의 韻尾가 있다. 이중

---

16) Hartman이나 Hockectt 같은 이는 권설 성분인 /r/도 介音으로 해석하고 있다.(Hartman 1944, Hockectt 1947.) 이렇게 해석한 목적은 [tɕ, tɕʻ, ɕ]를 /k, kh, h/의 異音으로 해석하였기 때문에 이들의 이론을 따를 필요가 없을 뿐만 아니라 더욱 중요한 것은 오로지 하나의 initial 音韻 앞에서만 올 수 있는 介音을 따로 설정하는 것은 이론상 오류가 있다고 하겠다. 본문 제4장 참조.
17) 더욱이 많은 현대 방언에서는 [ai], [au]와 같은 二重元音에서 [i], [u]는 앞의 元音에 흡수되어 單元音으로 변하였고, 鼻音韻尾는 앞의 元音의 鼻音化로 대신하는 경향이 많다고 한다. Dragunov와 Dragunova, 「漢語普通話的音節結構」, 『中國語文』, 1958. 11, p.516 참조.

[-r]은 매우 특수한 것으로 '兒, 耳, 二'등과 같은 음절이 이에 속한다. 그 외에 다른 음절에서 韻尾로 나타나는 것은 형태음소론적 과정의 결과로서, 近世官話音系의 통시적 변화 과정에서 발생한 것이다. 그러나 이것은 『中原音韻』등이 반영하는 古官話에서는 韻尾로 사용되지 않았다. 따라서 韻尾로서의 [-r]에 대하여서는 토론하지 않기로 하겠다.

韻尾로 사용되는 [-i]나 [-u]는 元音과 유사하나, 위의 음절에 대한 정의에 의하면 이것 역시 종속적인 역할을 할 뿐이다. 이 사실을 나타내기 위해 여기서는 /y/와 /w/로 각각 쓰기로 한다. 韻尾를 근거로 한 전통적인 음절 분류는 다음과 같이 요약될 수 있다.[18]

直音韻	-V0
收噫韻	-Vy
收嗚韻	-Vw
閉口韻	-Vm
抵顎韻	-Vn
穿鼻韻	-Vŋ

그리고 介音과 韻尾는 그 사이에 나타나는 元音 音韻의 음성적 실현에 강한 영향을 줄 수 있다. 그러나 元音에 주된 동화력을 미치는 것은 韻尾라고 관찰되었다.[19] 이것이 元音과 韻尾가 음절 내에서 거의 불가분의 관계에 있게 된 원인 중의 하나이다.

---

18) 韻尾에 따라 음절을 분류하는 데 있어서 사용된 용어는 사람들에 따라 서로 다를 수 있다. 여기에서는 주로 沈乘麟의 『韻學驪珠』의 것을 사용하였다.
19) 介音이 원음의 변화에 영향을 미치는 순행동화와 韻尾가 주요원음의 변화에 미치는 역행동화가 있는데, 중국어에서는 역행동화가 순행동화보다 우세하다. Cheng Chin Chuan, *Synchronic Phonology of Mandarin Chinese*, Mouton Hague, 1972. pp.18-19.

제2장 『中原音韻』의 音韻體系

2.1 『中原音韻』 概觀

『中原音韻』은 1324년 周德淸이 作曲을 지도하고 '正言語'를 위해서 關漢卿, 鄭光祖, 白仁甫, 馬致遠 등의 戱曲에 쓰인 韻字를 종합 정리하여 편찬한 중국 최초의 曲韻韻書이다. 元代의 戱曲은 北曲으로 쓰여졌다. 따라서 13, 4세기 北曲에서 사용된 韻은 대체로 당시 北方官話의 語音系統에 의한 것이며, 이들 희곡 용운을 종합 정리한 『中原音韻』도 역시 당시 中原 일대에서 사용되던 北方官話의 語音系統을 대표한다고 할 수 있다.[1] 최근 廖珣卿이 關漢卿 작품 중의 用韻字를 조사한 결과

---

1) '中原之音'의 中原이 어느 지역을 가리키느냐 하는 문제는 학자들 사이에 의견을 달리한다. 王力는 "당시의 (13, 4세기) 수도였던 大都를 가리키며 『中原音韻』도 그 지역의 실제 語音체계를 대표하였으며, 이것은 의심할 여지가 없다"라 확언하고(『中國言語學史』), 李新魁 같은 이도 「中原音韻系的基礎和入派三聲的性質」(『中國語文』 1963.4)에서 이러한 의견을 따르다가 다시 『中原音韻音系硏究』에서는 洛陽을 중심으로 하는 河南 지역이라 하고 있다. 楊耐思는 『中原音韻音系』에서 당시에는 이미 북방의 넓은 지역에서 통용되던 共同語가 형성되었다고 보고 中原은 지금의 汴洛 中山 지역이라 하고 있다. 이 외에도 여러 異說들이 많으나 여기에서는 이것이 큰 문제가 되지 않으며, 다만 『中原音韻』은 13,

『中原音韻』이 반영한 音系와 기본적으로 부합한다는 것을 증명한 적이 있다.[2]

『中原音韻』의 작자 周德淸은 字가 挺齋이며 江西 高安 사람이다. 그는 소위 正途 출신의 文人學士는 아니었으며 학문도 그다지 높지 않았던 단지 樂府와 音律에 능한 희곡작가였던 것 같다.[3] 이로 인해 그는 실제를 중시하고, 전통에 얽매이지 않아 『切韻』系 韻書의 영향을 받지 않고 『中原音韻』을 編制할 수 있었으며, 그 결과 『中原音韻』의 체제는 이전의 韻書와는 확연히 다르다.

『中原音韻』이 편찬되었을 당시 北方에서는 일찍이 漢民族의 共同語가 형성되었다. 그리고 元代의 士大夫들은 歌詠을 할 때 반드시 正聲을 구하려고 했는데 周德淸이 『中原音韻』을 편찬한 것도 이러한 사회적 분위기와 관계가 있는 것이 아닌가 생각된다. 최근 忌浮가 발견한 자료에 의하면 周德淸은 당시의 수도였던 大都에서 열린 正音會議에 여러 차례 참석한 후에 『中原音韻』을 편찬하였다고 하는데, 이것을 통하여서도 이러한 사실을 엿볼 수 있다.[4] 正聲이란 '中原之音'으로서, 즉 北方지역에서 광범위하게 사용되던 언어를 가리킨다. 최근 周祖謨의 고증에 의하면 北方話에서는 唐代부터 변화가 일어나 '平分陰陽', '濁上變去'와 같은 형상들은 그 때에 이미 발생하였으며,[5] 元代에 이르러서는 『中原音韻』이 반영하는 北方語音의 체계가 완전히 형성되었을 뿐 아니라 이것은 곧 당시의 漢民族의 共同語로서의 위치를 차지하게 되었던 것이다.

4세기 大都를 중심으로 한 北方語 音系를 반영한 것이라고 가정을 한다.
2) 廖珣卿, 「關漢卿戲曲的用韻」, 『中國語文』 1963.4, pp.267-274.
3) 趙誠, 『中國古代韻書』, 北京中華書局, 1980. p.271.
4) 周振寶, 『音韻學』, p.238.
5) 周祖謨, 「關於唐代方言中四聲讀法之一些資料」, 『問學集』 上冊, pp.494-500.

周德清이『中原音韻』을 편찬할 때에는 元曲의 用韻을 재료로 취하였지만, 審音을 할 때에는 당시에 이미 통행되고 있는 共同語, 즉 '中原之音'을 표준으로 삼았다. 그는 『廣韻』의 方音을 굳이 지킬 수 없다고 여겨서 "世之泥古非今, 不達時變者眾, 呼吸之間, 動引『廣韻』為證, 寧甘受訦舌之誚而不悔, 亦不思混一日久, 四海同音, 上自縉紳講論治道, 及國語翻譯, 國學教授, 言語, 下至訟庭理民, 莫非中原之音(세상에 옛 것에 얽매여 지금 것을 그르다고 하며 시대의 변천에 따르지 않는 사람들이 많아, 호흡하는 사이에도『廣韻』을 인용하여 증거로 삼으며 차라리 알아듣기 어렵다는 비난을 받을 지언정 뉘우치지 않고, (음이) 하나로 혼동되었음을 고려치 않는 것이 오래되었다. 세상은 같은 음을 사용하여 위로는 벼슬아치가 治道를 강론할 때에나, 국어 번역, 국학의 교수할 때의 언어로부터 아래로는 訟事 등에 이르기까지 中原의 음이 아닌 것이 없다)"이라 비평하고 있는데 이로 보아 그가『廣韻』의 속박에서 벗어나 中原之音에 충실하려고 하였다는 것을 알 수 있다.

　　동시에 그는 自序와「正語作詞起例」에서 字音의 正誤에 관한 예를 많이 들어 '諸方語之病'을 피하려 하고 있는데 우리는 여기에서 周德清이 古今의 語音의 변화, 남북 方音의 차이를 중시했을 뿐 아니라 당시 이미 漢民族 共同語로서의 위치를 차지하고 있는 北方語音의 현실도 존중하고 있음을 알 수 있다. 이것이『中原音韻』을 편찬하는 데 있어 그가 지켰던 하나의 원칙이라 할 수 있다.

　　『中原音韻』의 가장 큰 특징은『廣韻』등과 같은 切韻系 韻書의 속박에서 벗어나 순수하게 당시에 실제로 사용되던 어음을 근거로 하여 편성된 韻書라는 점이다.『中原音韻』에서는 먼저 北曲의 押韻字를 19韻으로 나누어 분류하고『中原音韻』에서는 각 韻類를 두 글자로 표시하였는데 그 19韻의 명칭은 다음과 같다.

1. 東鐘   2. 江陽   3. 支思   4. 齊微   5. 魚模   6. 皆來   7. 眞文
8. 寒山   9. 桓歡   10. 先天   11. 蕭豪   12. 歌戈   13. 家麻   14. 車遮
15. 庚青   16. 尤侯   17. 侵尋   18. 監咸   19. 廉纖

따라서 여기에서 말하는 韻이란 전통 韻書에서의 韻과는 다른 것이다. 전통 韻書에서의 각 韻에는 단지 한 성조의 글자들만 포함한다. 예를 들면 『廣韻』 東韻에는 단지 한 성조의 글자들만 포함한다. 예를 들면 『廣韻』 東韻에는 平聲字, 董韻에는 上聲字, 送韻에는 去聲字 屋韻에는 入聲字만 분류되어 있다. 그러나 『中原音韻』의 각 韻에는 네 가지 서로 다른 성조의 글자들이 모두 포함되어 있다. 더욱이 이들 네 가지의 성조도 전통적인 平, 上, 去, 入이 아니라 陰平, 陽平, 上聲, 去聲으로 분류되어 있다. 바꾸어 말하자면 전통韻書에서 먼저 성조를 나눈 후 韻類를 나누었으나 『中原音韻』에서는 먼저 韻類를 나누고 후에 성조를 나눈 것이다. 이것은 元曲이 四聲通押한 것과 관계가 있는 것 같다.

이 외에 平聲은 陰陽으로 나누고, 入聲은 陰聲韻의 平, 上, 去에 派入시켰다. 그리고 이전의 『切韻』系 韻書에서는 성조를 나눈 다음 각 韻目에다 反切로써 注音을 하였으나 『中原音韻』에서는 아무런 注音 표시도 없이 다만 同音인 글자들을 한군데에 배열하고 각 同音字群을 동그란 圓으로써 다른 音인 글자들과 구분하고 있다. 이러한 圓으로써 구분한 同音字群은 『中原音韻』에서는 1600여개가 있다. 이것은 바로 『中原音韻』에는 모두 1600여개의 音이 서로 다른 음절이 있었음을 의미한다.

2. 이전의 『中原音韻』 音韻體系에 대한 연구 소개

『中原音韻』의 音系에는 몇 개의 성모와 운모가 있었는가? 그리고 그들의 구체적인 독음은 어떠한 것인가? 『中原音韻』에서는 구체적으로 注音을 하지 않았기 때문에 이 문제에 관하여서는 학자들 간에 이설이 많다. 그러나 이 문제에 관하여 이전에 많은 학자들이 연구를 행하였기 때문에 여기에서는 따로 분석을 하지 않고 우선 앞으로 진행될 토론의 근거로 삼기에 비교적 타당한 결론을 선택하기 위하여 각 학자들의 연구결과를 검토해 보기로 하겠다.

羅常培는 귀납법을 사용하여 최초로 『中原音韻』의 성모체계를 정리하였다. 그는 전통적인 三十六字母를 근거로 하여 『中原音韻』의 同音字群을 정리하였는데 첫째, 하나의 同音字群 중에 두 개 혹은 두 개 이상의 字母를 포함하고 있다면 이들 성모는 『中原音韻』에 이르러 합류하였음을 말해주는 것이고, 둘째, 平聲에 陰陽의 구별이 있는 것은 字母의 淸濁에 따라 淸聲母는 平聲陰으로, 濁聲母는 平聲陽으로 변하였음을 밝혀냈다. 그리고 送氣와 不送氣의 구별에 관해서는 現代北京音을 근거로 하여 고증하였다. 이리하여 羅常培는 『中原音韻』 시대에는 20개의 성모가 있었다고 결론을 내리고 있다.[6]

趙蔭棠은 羅常培의 귀납법을 계승하여 三十六字母와 106韻을 가지고 『中原音韻』의 성모 체계를 정리하였다.[7] 그는 풍부한 자료를 활용하였지만 音聲學的인 지식이 부족하였을 뿐 아니라 音韻論的인 개념도 사용하지 않아서 그가 얻은 결론은 신빙성이 약하다.[8] 그의 注音은 이전 일본의 石山福治의 것보다는 훨씬 일관되고 정확하다는 평을 받고 있으나[9] 그다지 만족스럽지는 못하다. 한가지 예로 각 성조 내에서 각 同音

---

6) 羅常培, 「中原音韻聲類考」, 『歷史語言研究所集刊』 2-4, 1932.
7) 趙蔭棠, 『中原音韻研究』, 商務印書館, 1936, 1956.
8) 唐作藩, 「評楊耐思中原音韻音系」, 『語文研究』 1982年 第二輯(總第五輯), p.111.
9) Hugh M. Stimson, *The Jongyuan in Yunn: a guide to old Mandarin pro-*

字群은 반드시 다른 同音字群과는 달라야 한다는 기본적인 원칙을 지키기 위해 그는 새로운 성모를 마음대로 첨가하는가 하면 어떤 경우에는 이 원칙조차 지키지 않고 있다.10)

陸志韋의 「釋中原音韻」11)도 羅常培의 귀납법에 의거하였다. 그는 音聲學적 방법을 사용하여 『中原音韻』의 音系를 정리하고 있으나, 八思巴字의 對音 자료를 사용하였을 뿐 아니라 音聲學의 이론적 기초도 깊어 趙蔭棠보다는 훨씬 일관되고 또한 참고할 가치가 있는 創見을 내놓았다. 그러나 기본적인 방법에 있어 큰 改進이 없고 자료의 방면에 있어서도 趙蔭棠의 고증을 근거로 하고 있는 점이 아쉽다고 할 수 있다.

그리고 스팀슨(Hugh M. Stimson)의 Phonology of the Chung-yuan Yin-yun12)은 저자의 학위 논문의 일부로서, 『中原音韻』에 관한 중요한 문제를 직접 다루고 있다. 이 논문은 『中原音韻』의 음체계를 처음으로 音韻論的인 측면에서 설명한 연구라는 점에서 중요한 의미를 지니지만, 아쉽게도 그는 위에서도 언급한 바와 같이 여러 문제를 안고 있는 趙蔭棠의 체계를 근거로 하고 있다. 그는 이 문제에 관하여 "趙蔭棠의 책에는 잘못 인쇄된 부분이 너무 많다(불행하게도 1956년도 개정본에도 이러한 잘못이 수정되지 않고 있다). 그러나 이것이 音韻 분석의 이론적인 출발점이 될 수 있다"13)고 하며 趙蔭棠의 것을 그대로 수용하

---

  nunciation. Yale University, Far Eastern Publications, 1966, p.10.
10) 예를 들면 그는 喉牙音 [k, k', ŋ, x]에다 [c, c', n, c]를 첨가하고 있는가 하면 (p.101), 更青韻에서 동음군 10과 27에는 같은 음으로 注音하고 있다.
11) 『燕京學報』 31, 1946.12, pp.35-70.
12) 『清華學報』 n.s.3, No.1, 1962, pp.114-158.
13) Stimson. 위의 논문, p.115. "Though it contains an alarming number of misprints in the transcription(which unfortunately remain in the 1956 revised edition), it is the logical starting point in a phonemic analysis."

고 있다. 그러나 趙蔭棠의 연구가 일관적이지 못하였다는 점에 비추어 볼 때 과연 그의 결과가 논리적인 출발점이 될 수 있을까가 의문스럽다.

그 후 주목할 만한 연구로는 1975년 쉬에(F.S.Hsueh)의 *Phonology of Old Mandarin*을 들 수 있다. 그는 趙蔭棠, 董同龢, 스팀슨 등과는 달리 音韻을 정밀하게 분석하는 방법을 택하여 等韻 시기로부터 『中原音韻』 시기에 이르기까지의 音韻 변천 과정을 통시적인 규율로써 설명하고 이러한 규율들을 통시적 변화의 발생 순서에 따라 정리해 놓았는데, 그의 연구는 신빙도가 높고, 중국 歷史音韻論에 기여한 바가 매우 큰 것으로 평가받고 있다.[14]

최근에 이르러 楊耐思는 前人들이 오로지 『廣韻』音系와 現代北京語 音系에 의거한 귀납법을 사용한 것과는 달리, 『中原音韻』의 同音字群의 고대 혹은 연대의 音價는 고려하지 않고 주로 『中原音韻』 자체, 즉 韻譜와 「正語作詞起例」의 설명을 근거로 하고 다시 『古今韻會舉要』, 『蒙古字韻』 등 비슷한 시기에 쓰여진 音韻 자료를 참조하여 분석 비교하여 前人들의 의견에 수정을 가하였다.[15] 그는 『中原音韻』의 성모를 21類, 운모를 46類, 성조를 陰平, 陽平, 上聲, 去聲, 入聲으로 귀납해 내었다. 그러나 그의 연구도 音聲學적인 기초 위에서 행하여졌다는 점이 아쉽고, 또 대부분 前人들의 연구결과와 일치한다. 예를 들면 성모는 기본적으로

---

14) Pang-Hsin Ting(1980), Phonology of Old Mandarin by F.S.Hsueh (book review), *Journal of the American Oriental Society*, Vol.100, No.1, p.94.

15) 사실 前人들의 방법에만 의존하게 되면 의문점이 많이 생길 수 있다. 예를 들면 平聲의 同音群이 送氣냐 不送氣냐 하는 것은 이들의 귀납법으로는 해결할 수 없고, 다만 현대음이나 卓從之의 『音韻類編』에서 평성을 '陰', '陽', '陰陽'의 세 종류로 분류된 것에 의존할 수밖에 없다(趙誠, 『中國古代韻書』, p. 85참조). 또 대부분의 경우에 있어 어느 同音群이 洪音이냐 細音이냐 하는 것도 마찬가지이다.

羅常培의 것에 가깝고, 운모는 董同龢와 쉬에의 것에,16) 성조는 陸志韋의 것에 가깝다.

이 외에도 『中原音韻』에 관한 전문적인 연구서로 陳新雄의 『中原音韻槪要』, 李新魁의 『中原音韻音系硏究』 등이 있으나 이들이 再構한 『中原音韻』의 音系는 모두 지금까지 언급한 학자들의 연구결과와 大同小異하다.

2.3 『中原音韻』의 聲·韻·調 體系

2.3.1 『中原音韻』의 聲母 體系

『中原音韻』의 성모에 관해서는 학자들 사이에 이견이 조금은 있으나 대체로 羅常培의 의견과 일치한다. 羅常培가 再構한 20개의 성모는 다음과 같다.

羅常培의 再構體系

脣音(labials)	p	p'	m	f	v[17]
舌頭音(dental)	t	t'	n	l	
齒頭音(dental sibilants)	ts	ts'	s		
齒上音(retroflex)	tʃ	tʃ'	ʃ	ʒ	
喉牙音(gutturals)	k	k'	x	0	

---

16) 董同龢는 비록 『中原音韻』에 관하여 전문적으로 연구한 결과는 없지만 그의 『漢語音韻學』(台北, 學生書局, 1966) p.57-60에 『中原音韻』의 운모에 관하여 재구한 것이 있다.

17) 羅常培, 趙蔭棠, 楊耐思 등은 모두 /v/로 표기하고 있으나, 陸志韋는 /w/로 표기하고 있다. 陸志韋는 『中州樂府音韻類編』의 眞文韻에서 '因'과 '銀'은 陰平과 陽平으로 짝을 이루나, '溫'과 짝을 이루는 陽平聲字는 없고, '文'과 짝을 이루

이 중 학자들 사이에 이견이 생기는 부분은 齒上音과 喉牙音에서 이다. 즉 齒上音을 介音 /y/와 결합하는 부류와 그렇지 않은 부류로, 즉 中古 等韻시기의 照二系와 照三系로 분류해야 한다는 것이다.[18] 그러나 이것은 音聲學的인 면에서 살핀 것으로, 이것을 音韻論的 관점에서 보면 이들 양자는 분명히 相補的分布(complementary distribution)를 이루고 있기 때문에 동일한 音韻으로 간주하여야 할 것이다. 심지어 謝雲飛 같은 학자는 현대 北京 京劇 등에서 권설음을 개음 /y/와 결합한 형태로 발음하는 예를 들어(소위 上口字) 이들의 음치를 [tʃ, tʃʻ, ʃ, ʒ]로 재구하는 것조차도 부정하고 모두 권설음으로 표기하여야 한다고 말하고 있다.[19]

그리고 喉牙音에서 이견이 생기는 문제는 疑母(/ŋ/)의 존재여부에 관한 것이다. 이것에 관하여 羅常培는 疑母와 影, 喩母는 당시에 이미 차이가 없어져 零聲母化하였다고 하고, 董同龢는 古今을 통하여 /ŋ/은 /0/과 구분되나 /ŋ/이 단독으로 어떠한 운모의 앞에 나타나지는 않으며 『中原音韻』에서도 蕭豪韻에서만 이들 양자가 대립관계에 있는데 이것은 周德淸이 전통 韻書나 자기 방언의 영향을 받았기 때문이 아닌가 하여 이 疑母의 존재를 부정하고 있다. 반면 趙蔭棠, 陸志韋, 楊耐思, 쉬에 등은 당시에도 疑母는 零聲母化하지 않고 여전히 /ŋ/이었을 것으로 추측하고 있다. 이 문제는 두 가지 측면에서 해결할 수 있다. 첫째, 『中原

는 陰平聲字가 없다는 사실에 근거하여 중고 '微'母는 여전히 독립된 성모이며, 당시 八思巴字의 'w'와 대응된다고 보고 'w'로 표기하고 있다. 따라서 陸志韋의 'w'는 半元音성질을 지닌 脣齒音으로 볼 수 있는데, 여기에서 /v/로 표기하는 것도 이와 같은 음으로 간주한다.

18) 陸志韋가 이렇게 주장하는 대표적인 사람이다. 「釋中原音韻」, p.44 참고.
19) 謝雲飛, 「金尼閣西儒耳目資析論」, 『南洋大學學報』第八及第九期, 1974-75. pp.70-71.

音韻』韻譜에서 疑母인 음절들끼리 同音字群을 형성하고 있고, 또 董同龢의 말대로 그것이 蕭豪韻에서만 나타나는 것이 아니기 때문에 疑母의 존재를 인정하는 것이 타당할 것 같다. 그리고 둘째, 이 성모의『中原音韻』이후의 변화 과정을 살펴보아야 한다. '虐, 瘧' 등 일부 疑母인 글자들은 스스로 同音字群을 형성하고 있는데 이들은『中原音韻』이후에 성모가 /n-/로 변하였다. 그러나 만약 이들 음절이『中原音韻』시대에 이미 零聲母化하였다면 이후에 이러한 변화는 불가능하였을 것이다.[20] 따라서『中原音韻』시대에도 疑母인 음절들이 少數 존재하였다고 보는 것이 타당하다.

本稿에서는 羅常培가 재구한 성모 體系에다 疑母 /ŋ/를 추가한 성모 체계를 토론의 출발점으로 하되, 서술의 편의상 다음과 같이 바꾸어 표기하도록 한다.

唇音(labials)	p	ph	m	f	w	
舌頭音(dental)	t	th	n			l
齒頭音(dental sibilants)	c	ch		s		
齒上音(retroflex)	cr	chr		sr	r	
喉牙音(gutturals)	k	kh	ŋ	h	0	

위의 표기 방법은 音韻과 資質을 혼합하여 표기한 것으로서 다음과 같이 설명된다. 즉 'h'와 'r'이 다른 문자의 뒤에 나타날 경우에는 이들은 곧 다른 音韻이 아닌 音韻의 資質(features)을 나타낸다. 예를 들면, /ph/는 /p/라는 音韻에 送氣 資質 [+aspiration]이 있다는 것을 나타낸다. 이와 마찬가지로 /chr/는 /c/라는 音韻에 齒上과 送氣 [+retroflex,

---

20) 본문 제4장 Ⅳ.5.1 참조.

+aspiration] 資質이 있음을 나타낸다. 덧붙여 설명해야 될 점은 성모가 脣音인 음절은 齊齒呼인 음절을 제외하고 모두 合口音으로 간주한다는 것이다. 즉 /w/를 포함하고 있는 것으로 해석한다. 예를 들면 '八'를 /pwa/로 표기하는데, 이 경우 /w/가 분명히 드러나지 않는 것은 사실이다. 그러나 이것은 音聲的인 환경의 영향 때문이며, 脣音을 合口音으로 간주하는 것은 中古 이래 等韻家의 定論이다. 이 사실은 현대 방언을 통하여서도 확인할 수 있다. 어떤 방언에서는 '飯'을 [huan], '飛'를 [huei]로 실제 合口가 아닌 데도 合口音으로 발음하는 것은 脣音 성모에 이미 圓脣 자질, 즉 [+labial] 자질이 포함되어 있기 때문이다.

2.3.2 『中原音韻』의 韻母 體系

『中原音韻』의 운모에 관하여 우선 音聲的으로 擬測한 董同龢의 것과 音韻論的인 입장에서 재구한 쉬에의 것을 비교하여 보기로 하자.

**中原音韻의 韻母表

韻 部	董同龢의 추측음				쉬에의 추측음			
1.東鐘	-uŋ	-iuŋ			-woŋ	-ywoŋ		
2.江陽	-aŋ	-iaŋ	-uaŋ		-aŋ	-yaŋ	-waŋ	
3.支思	-ɨ				-ɨ			
4.齊微	-i	-ei	-uei		-iy	-yiy	-wiy	
5.魚模	-u	-iu			-wɨ	-ywɨ		
6.皆來	-ai	-iai	-uai		-ay	-yay	-way	
7.眞文	-ən	-iən	-uən	-yən	-in	-yin	-win	-ywɨ
8.寒山	-an	-ian	-uan		-an	-yan	-wan	
9.桓歡	-on				-won			
10.先天	-ien	-yen			-yen	-ywen		

韻 部	董同龢의 추측음				쉬에의 추측음			
11.蕭豪	-u	-au	-iau	-uau	-ow	-wow	-aw	-yaw
					-waw			
					-yew			
12.歌戈	-o	-io	-uo		-o	-wo	-ywo	
13.家麻	-a	(-ia)	-ua		-a	-ya	-wa	
14.車遮	-ie	-ye			-ye	-ywe		
15.庚青	-əŋ	-iəŋ	-uəŋ	-yəŋ	-əŋ	-yəŋ	-wəŋ	-yweŋ
16.尤侯	-ou	-iou			-iw	-yiw	-wiw	
17.侵尋	-əm	-iəm			-im	-yim		
18.監咸	-am	-iam			-am	-yam		
19.廉纖	-iem				-yem			

쉬에의 /y/, /w/, /yw/는 董同龢의 [i], [u], [y]와 같은 것이다.

丁邦新은 위의 두 가지 재구음 체계를 비교하며 董同龢의 것은 音聲學적으로, 쉬에의 것은 音韻學적으로 풀이한 차이일 뿐 대체로 같다는 결론을 내리고 있다. 다만 쉬에의 것이 다소 복잡하게 보이는 까닭은 音韻을 극단적으로 엄밀하게 분석했기 때문이라는 것이다.21) 따라서 이 글에서는 音韻을 분석하는 방법론의 측면에서 다소 일치하는 쉬에가 재구한 音系를 기초로 하고자 한다. 그러나 앞에서 말한 압운의 기본원리에 의하면 그의 재구음 체계에도 문제가 없는 것은 아니다. 즉 그의 재구음 체계에서는 모든 운부에서 단 하나의 동일한 主要元音을 가지고 있는데 반해 蕭豪韻에서만은 세 개의 서로 다른 원음이 있다는 것이다. 이 점에 대하여 저자는 『中原音韻』을 쓸 당시 周德清이 기본으로 삼았던 방언에서는 이들 세 韻基가 분명히 대립관계에 있었으나 關漢卿, 鄭光祖, 馬致

---

21) 丁邦新, 「與中原音韻相關的幾種方言現象」, 『歷史語言研究所集刊』 52.4, p.639.

遠, 白樸 등의 元曲에서는 대립이 소실되었으며, 따라서 周德清은 이들 元曲 大家들의 압운 방법을 따르지 않을 수가 없었으면서도 한편으로는 그가 기본으로 삼았던 방언에 의거하여 이들 세 韻基를 의식적으로 서로 다른 同音字群에 분류하였던 것으로 설명하고 있다. 달리 말하자면 그는 두 가지 기준에 의해 이 운을 설정하였다는 것이다.22) 그러나 이러한 설명은 그다지 설득력을 갖지 못하는 것 같다. 그것은 /-ow/, /-aw/, /yaw/, /-yew/운이 서로 압운을 할 수 있었다면 監咸韻과 廉纖韻은 왜 서로 압운을 할 수 없었는가라는 의문이 생기기 때문이다. 따라서 이 蕭豪韻도 『中原音韻』 이전에 이미 主要元音이 합류하였으며 그 主要元音은 /a/로서 /-aw/, /yaw/, /waw/였던 것으로 추측하는 것이 합리적이라고 생각된다.

東鐘韻에 대해서도 수정을 가할 필요가 있다. 董同龢, 楊耐思 등 다른 대부분의 학자들이 東鐘韻의 主要元音을 /u/(이 글에서의 표기 방법은 /wi/)로 한 것과는 달리 쉬에는 /o/로 재구하고 있다. 이 중에서 어느 것이 더 타당한가를 알아보기 위해 먼저 『中原音韻』에 분류된 각 韻과 等韻圖의 韻攝과의 관계를 살필 필요가 있겠다. 『韻鏡』, 『四聲等子』 등의 等韻圖에서는 '內轉'과 '外轉'으로 韻攝를 크게 분류하고 있다. 이들 '內轉'과 '外轉' 정의에 관하여 전통적인 학설은 二等字를 포함하고 있는 攝은 '外轉'으로 '江, 蟹, 臻, 山, 效, 假, 咸, 梗'의 八攝이 여기에 속하며, 二等字(齒音字 제외)가 없는 攝은 '內轉'으로 '通, 止, 遇, 果, 宕, 流, 深, 曾'의 八攝이 여기에 속한다는 것이다.23) 그러나 이러한 분

---

22) *Phonology of Old Mandarin*, Chap.5, Section 10.
23) 『四聲等子』 卷首의 '辨內外轉例'에서 "內轉者, 唇舌牙喉四音更無二等字, 唯齒音方具足, 外轉者, 五音四等都具足. 今以深, 曾, 止, 宕, 果, 遇, 流, 通括內轉六十七韻, 江, 山, 梗, 假, 蟹, 咸, 臻括外轉一百三十九韻"이라 하고 있다.

류 방법에는 문제가 많다. 예를 들면 臻攝에는 齒音字를 제외하고는 二等字가 없다. 그리고 더욱 문제가 되는 것은 이것은 음의 본질을 가지고 분류한 것이 아니라 각 圖에 나타난 외형적인 면만을 가지고 분류한 것이다. 따라서 근년에 이르러 많은 학자들이 이러한 분류 방법에 반론을 제기하였다. 羅常培는 「釋內外轉」이란 논문에서 內外轉은 元音의 차이로 인해 구분되는 것으로 "內轉은 모두 後元音 [u][o], 中元音 [ə]와 前元音 [i][e]를 포함하는 韻이고, 外轉은 前元音 [e][ɛ][æ][a], 中元音 [ɐ]와 後低元音 [ɑ][ɔ]를 포함하는 韻"이라 설명하고 있으며[24] 董同龢, 趙元任, Martin 등도 이 의견을 따르고 있다.[25] 이 외에 李新魁는 《論內外轉》에서 三等韻을 기준으로 하여 內外轉을 구분하며 같은 攝 중 照二系의 글자에 그 反切下字가 三等韻에 속한 경우에는 內轉, 그렇지 않은 경우에는 外轉으로 구분하고 있는 등[26] 학자들 사이에 이견이 많아 아직까지 定論이 서 있지 않은 상태이다. 그러나 이들 內外轉이 『切韻』으로부터의 변화 상황을 보면 한 가지 공통점을 찾을 수가 있다. 즉 內轉 모든 攝의 각 韻은 『切韻』 이후 主要元音이 점점 後高 방향으로 이동하였으며, 外轉 모든 攝의 각 韻은 前低 방향으로 이동하였다는 점이다. 뚜렷한 예로서 外轉 江韻은 『切韻』에서는 東鐘韻과 主要元音이 유사하였으나 점점 陽唐韻에 가까워졌으며, 內轉 魚, 虞, 摹韻은 主要元音이 後低에서 後高로 점점 높아졌다.[27] 이러한 사실로부터 等韻 시기에 內

---

24) 羅常培, 「釋外內轉」, 『歷史語言研究所集刊』 4-2(1933), pp.206-226, 『羅常培語言學論文集』, pp.87-103.
25) 董同龢, 『漢語音韻學』와 Y.R.Chao, Distinction within Ancient Chinese, *Harvard Journal of Asiatic Studies* 5(1941), pp.203-233, Samuel E. Martin, The Phonemes of Ancient Chinese, *Supplement to the Journal of the American Oriental Society*(1953)에서 모두 羅常培의 주장을 따르고 있다.
26) 李新魁, 「論內外轉」, 『音韻學研究』 第二輯(1986), pp.249-256.

轉은 主要元音이 高元音이었고 外轉은 그렇지 않았음을 짐작할 수 있다. 이것은 羅常培가 비록 音韻論적인 입장에서 설명은 하지 않았지만 그의 결론과 매우 유사하다. 따라서 우리는 『中原音韻』의 각 韻 중 等韻의 內轉에서 유래한 것은 모두 高元音 /i/를 지녔던 것으로 보아도 무방할 것 같다. 쉬에도 구체적으로 설명은 하지 않았지만 기본적으로 이러한 관점에서 출발한 것 같다. 그것은 위의 비교표를 통해서 알 수 있듯이 內轉 각 攝에서 유래한 운은 모두 그 主要元音을 /i/로 재구한 것에서 알 수 있다.28) 그러나 유일하게 內轉인 通攝에서 유래한 東鐘韻에서만은 그 主要元音을 /o/로 하고 있는데 그것은 그가 音韻의 대칭성을 너무 중시한 결과이고 東鐘韻도 다른 학자들과 같이 主要元音이 /i/인 /wiŋ, ywiŋ/으로 재구하는 것이 타당할 것 같다.

또 董同龢는 桓歡韻을 [-on]으로 하고 있는데 반해 쉬에는 /-won/으로 재구하고 있다. 이 점은 위에서도 설명했듯이 脣音 성모를 지닌 음절 중에서 齊齒呼인 음절을 제외한 나머지를 모두 合口呼로 간주하면 /-won/으로 보는 편이 더욱 타당하다. 왜냐하면 桓歡韻에는 성모가 脣音이며 운모가 齊齒呼인 음절은 포함되지 않고 있기 때문이다.

이상 『中原音韻』의 원음 체계를 종합해보면 당시 원음 音韻은 /i, e, o, a/의 4원음 체계로서, 혀의 위치를 가지고 말한다면 高中低의 원음을 다 갖추고 있으며 半閉元音인 /e/와 /o/가 서로 대립되고 있음을 알 수 있다.

---

27) 周振甫, 『音韻學』, p.248.
28) 外轉인 臻攝에서 유래한 眞文韻에 대해서는 예외로 /i/로 재구하고 있는데 이것은 아마도 羅常培의 재분류를 근거로 하였기 때문인 것 같다.

2.3.3 『中原音韻』의 聲調 體系

『中原音韻』에서는 성조를 陰平, 陽平, 上聲, 去聲으로 분류하고 있어서 調類에 있어서는 이미 現代北京語와 같아졌다. 성조의 이러한 분류는 전통적으로 平, 上, 去, 入으로 분류해 온 것과 비교해 볼 때 매우 혁신적인 것으로서 이것은 『中原音韻』이 바로 당시의 실제 音韻體系와 聲調體系를 그대로 반영하였다는 또 하나의 증거가 된다.

이전의 平, 上, 去, 入이 성모의 淸濁에 따라 陰陽調로 재분류된 것은 唐代 이후의 일이다.29) 그러나 上, 去, 入聲에서의 陰陽調의 구별은 北方에서는 일찍이 소실되었고30) 단지 平聲에서만 존재하고 있었다.

『中原音韻』의 성조 체계를 中古 聲母와 관련하여 도표로 나타내면 다음과 같다.

中古漢語 聲調＼聲母	淸		濁	
	全	次	次	全
平	陰平		陽平	
上	上		上	
去	去		去	
入		上	去	陽

즉, 중고 淸聲母였던 평성 음절은 陰平으로, 濁聲母였던 평성 음절은 성모가 청화하면서 陽平으로 나뉘어졌으며, 중고 濁聲母였던 上聲 음절은 청화하면서 去聲으로 변하였음을 나타낸다. 그리고 입성에서는 입성

---

29) 史存直, 『漢語語史綱要』, pp.47-50.
30) 全濁聲母인 上聲字는 성모가 淸化하는 과정에서 모두 去聲으로 변하였다.

운미 /-p, -t, -k/가 탈락하면서 중고 청성모였던 음절은 상성으로, 전탁성모였던 음절은 양평으로, 차탁성모였던 음절은 거성으로 나뉘어 들어갔음을 의미한다. 그런데, 周德淸은 「正語作詞起例」에서 명확히 "『中原音韻』에는 입성이 없고, 平上去 세 성조에 파입되었다"라 하며, 入聲을 다른 三聲에 派入시켜 놓았던 반면, 한편으로는 『中原音韻』의 自序에서는 "다른 세 성조로 파입한 것은 용운의 범위를 넓히기 위해서이다",31) 위의 「語作詞起例」에서 "말을 할 때에는 아직 입성의 구별이 있었다"32)고 말한 것으로 인하여 『中原音韻』 당시에 入聲이 있었느냐 하는 문제에 관해서는 학자에 따라 의견을 달리하고 있다. 이 문제에 관하여서는 뒤에서 토론될 것이다.33)

---

31) "派入三聲者, 廣其韻耳"
32) "呼吸言語之間還有入聲之別"
33) 제6장 참조.

제3장

『中原音韻』 이후의 주요 자료 및
이에 반영된 音系의 槪觀

3.1 자료 처리의 원칙

　이미 언급한 바와 같이 語音은 계속 변화하며, 변화하는 과정에는 규율이 있다. 이러한 규율은 어떤 경우에는 매우 엄격하지만 이러한 규율들을 찾아내는 일이 결코 쉬운 것은 아니다. 이러한 규율을 찾아내기 위해서는 일정 시기의 자료를 分析하여 그것을 통하여 어떠한 연속성을 찾아내지 않으면 안 될 것이다.
　中國語의 통시적인 변화과정을 전체적으로 살펴보면 각 朝代마다 모두 朝廷用話, 혹은 官話라고 불리는 표준어가 있었다. 그런데 우리는 통상 서로 다른 朝代의 표준어가 하나의 직선과 같이 변한 것으로 파악하려는 경향이 있다. 물론 이러한 방법이 잘못되었다는 것은 아니며, 오히려 언어의 변천을 계략적으로 파악한다는 점에서 볼 때에는 어느 정도의 타당성을 가지고 있는 것이 분명하다. 그리고 이러한 파악에 있어서 언어 변화의 규율이 가장 중요한 요소로 고려되는 것은 당연하다. 그러나 이 경우에 표준어를 통해서만 어음 변화의 규율을 조사한다면 이것은 곧 전체적인 언어현상 중의 일부만을 검토대상으로 하는 위험을 수반하게 되는 것이다. 語音이 통시적으로 변화해가는 과정에서는 지역의 차이, 화자의 사회적인 계층의 차이, 文言과 白話가 사회적으로 차지하였던 지위의 차이 등으로 인하여 하나의 언어가 여러 가지의 方言으로 분기되었을 수도 있었을 것이며, 이러한 方言의 분기는 표준어가 확정되는 데에 영향을 준 중요한 요소였을 것이다. 따라서 언어의 통시적인 변화과정을 검토하는 데에 있어서는 표준어만을 연구대상으로 할 것이 아니라, 方言의 변화 과정을 표준어의 변화 과정과 복합적으로 고려하지 않으면 안 되는 것이다. 한편 각 朝代의 표준어가 단순히 언어의 내재적인 현상으로서의 규율에 의해서만 결정되었다고 보는 것은 무리이다. 왜냐하면 한 시기의 표준어가 확정되는 데에는 언어 외적인 현상으로서의 사회적인 요소가 중요하게 작용했을 것이기 때문이다. 그러한 사회적인 요소로서 우리는 지배층이 어느 지역의 출신인가, 혹은 지배층이 어떠한 취향을 가진 집단이었는가 하는 등등의 문제를 고려할 필요가 있는 것이다. 지금까지 언급한 方言과 사회적인 요소들로 인해서 서로 인접하고 있는 두 시기의 표준어라 할지라도 그 통시적 변화의 전후관계가 반드시 일직선상에 놓여 지지 않는 경우가 많으며, 표면적으로는 규율에 맞지 않게 보이는 경우도 발견될 수 있는 것이다. 또 같은 시기의 표준어라 하더라도 어느 정도의 발음 차이가 있을 수 있으며, 동일한 시대의 음이라 할지라도 그것을 기록하는 사람에 따라 약간의 차이가 있을 수 있다. 왜냐하면 첫째, 중국에서 전통적으로 韻書나 韻圖를 편찬하는 사람들에게는 守舊觀念이 지나치게 작용하였고, 둘째, 어음의 통시적 변화는 서서히 일어나는 것이기 때문에 音變의 영향을 받은 지역의 사람은 그것을 반영하였겠지만 영향을 받지 않은 지역에 사는 사람은 그것을 반영할 수 없었을 것이고, 셋째, 각 시기별로 문언과 백화의 사회적인 위상이 달랐기 때문이다. 따라서 우리가 과거의 문헌자료를 중심으로 語音의 변화과정을 검토할 때에는 이러한 모든 요소가 종합적으로 고려되지 않으면 안 될 것이다. 즉, 문헌에 기록된 語音은 한 시기의, 혹은 한 인물의 기록이라는 점에 유의해야 할 것이다. 따라서 개별적인 문헌자료들은 다른 자료들과의 연관 하에서만 자료적 가치를 지니는 것이며, 독립적으로는 그 가치를 충분하게 나타낼 수 없는 것이다.

『中原音韻』 이후 『韻略易通』, 『韻略匯通』, 『重訂司馬溫公等韻圖經』(이하 『等韻圖經』이라 칭함), 『五方元音』 등 많은 韻書 및 韻圖들이 쓰였다. 이들 자료는 서로 다른 시기에 쓰였기 때문에 이들 자료를 자세히 검토 분석하면 『中原音韻』 이후 近世官話의 점진적인 통시적 변화 과정을 살펴볼 수 있다. 따라서 이들 韻書와 韻圖는 近世官話의 語音史를 연구하는 데에 있어서 중요한 자료이다. 물론 이들 韻書와 韻圖를 쓴 사람들이 모두 북경 지역의 사람들은 아니었지만, 정확한 官話라 생각되는 말을 북경 이외의 지역에 사는 사람들에게 가르치고자 하는 것이었기 때문에 이 자료들은 당시 官話의 중요한 부분을 반영한 것이라고 보아도 무방할 것이다. 이 자료들의 작자가 북경 지역의 사람들이 아니었다는 점은 여전히 문제점으로 남을 것이지만, 이들을 개별적으로 분석하지 않고 어음의 통시적 변화의 전체적인 과정 속에서 종합적으로 분석한다면, 그러한 문제는 충분히 극복될 수 있으리라고 생각된다. 즉, 이들 韻書나 韻圖가 반영하는 음운체계를 일직선상에 놓고 비교하지 않고, 『中原音韻』을 좌표의 원점으로 삼고 이들을 縱的, 橫的으로 비교함으로써 합리적인 결론에 도달할 수 있으리라는 것이다.

3.2. 中國資料

『中原音韻』이후 중국에서 쓰여진 韻書나 韻圖는 상당히 많다. 그 중에서 趙蔭棠이 小學派 韻書라 칭한 明淸代의 韻書 및 韻圖 중 北方音系를 반영한 중요한 몇 가지의 자료를 선택하여 그들이 반영하고 있는 音系를 살펴보면 다음과 같다.

3.2.1 『韻略易通』

『韻略易通』은 『中原音韻』 계통의 韻書로서 明 正統 7年(1442)에 완성된 것으로 『中原音韻』에 비해서는 100여 년이 늦다. 작자는 蘭茂로 그는 字가 廷秀, 號는 和光道人으로 雲南 嵩明 陽林人이다. 『韻略易通』에 반영된 음운체계의 특징을 요약하면 다음과 같다.

1) 『韻略易通』에서는 韻을 모두 20類로 분류하였는데 그 명칭은 다음과 같다.

1.東紅	2.江陽	3.眞文	4.山寒	5.端歡	6.先全	7.庚晴
8.侵尋	9.緘咸	10.廉纖	11.支辭	12.西微	13.居魚	14.呼模
15.皆來	16.蕭豪	17.戈何	18.家麻	19.遮蛇	20.幽樓	

이것을 『中原音韻』과 비교해 볼 때, 각 韻의 명칭이 다르다는 점과, 『中原音韻』의 魚模韻을 居魚韻과 呼模韻 두 개로 분리한 것이 가장 큰 차이이다. 즉, /ywi/운과 /wi/운을 분리한 것이다.

2) 『中原音韻』과는 달리 平聲은 陰陽으로 나누지 않고, 入聲이 나타나 있다.

3) 聲類를 명확히 구분하고 있는데 이 점이 蘭茂의 최대 공헌이라 할

수 있다. 왜냐하면 이것을 기초로 하여 『中原音韻』의 聲類를 考定하는데 크게 도움을 주기 때문이다. 작자는 聲類를 모두 20類로 나누고, 이것을 '早梅詩' 한 首를 가지고 개괄하고 있다. 이것을 앞의 방법대로 표기하면 다음과 같다.

東	風	破	早	梅
/t,	f,	ph,	c,	m/
向	暖	一	支	開
/h,	n,	0,	cr,	kh/
冰	雪	無	人	見
/p,	s,	v,	r,	k/
春	從	天	上	來
/crh,	ch,	th,	sr,	l/

蘭茂가 이와 같이 聲類를 명확히 구분하여 열거하고 있는 것은 韓道昭의 영향을 받았기 때문이다. 그는 韓이 나눈 36類가 "音切隱奧, 疑似混淆(音切이 잘 드러나지 않아 혼돈한 것 같다)"는 곳이 적지 않다는 것을 지적하면서 오히려 이로부터 聲類를 명확히 區分하는 것이 일반인으로 하여금 字音의 구조를 이해시킬 수 있다고 믿었기 때문에 이전의 36字母를 사용하지 않고 통속적이고 알기 쉬운 20字母를 스스로 창안한 것이다.

3.2.2 『重訂司馬溫公等韻圖經』

『重訂司馬溫公等韻圖經』(이하 『等韻圖經』으로 칭함)은 明 萬曆34年 (1606) 張元善이 편한 『合幷字書便覽』 가운데의 「韻譜」 부분으로 徐孝가 쓴 것이다. 徐孝는 귀족 張元善의 門客으로서 順天府(지금의 北京)

사람이다. 이 『等韻圖經』은 후에 간행된 것이 적기 때문에 구해 보기가 어려우나, 陸志韋의 「記徐孝的重訂司馬溫公等韻圖經」에 전부가 실려 있다. 이것은 원래 司馬光의 『切韻指掌圖』를 모델로 삼은 것으로 알려져 왔으나, 실제로는 劉鑒의 『經史正音切韻指南』을 토대로 한 것이다.[1] 이 자료는 陸志韋가 "17세기 초년의 官話 語音을 매우 정확하게 전하는 기록"[2]이라 평가했을 정도로 近世官話 연구에 있어서 중요하다.

『等韻圖經』이 이전의 韻書와 다른 점은 첫째, 等韻圖에서의 36字母를 22字母로 줄였고, 둘째, 전통적인 等韻圖의 4等을 3等으로 하였으며, 셋째, 平, 上, 去, 入을 平, 上, 去, 如로 수정하였다는 점이다. 여기에서의 如聲은 平聲과 같다는 의미로서 즉 陽平을 가리킨다. 그리고 넷째, 전통적인 等韻圖에서의 16攝을 실제 音系와 부합하도록 13攝으로 수정하였다.

1) 13攝의 명칭과 내용

	開 口	合 口
	平上去如	平上去如
通:	登等贈能	東董動同
止:	資子次慈	居擧句局
祝:		都覩杜獨

---

[1] 두 가지 면에서 이렇게 생각할 수 있다. 첫째, 『經史正音切韻指南』에서처럼 攝이란 용어를 사용하고 있는 반면, 『切韻指掌圖』에서는 이러한 용어를 사용하지 않고 있다. 둘째, 『切韻指掌圖』에서는 36字母를 하나의 열에 배열한 반면 徐孝는 精系字, 輕脣音을 重脣音과 중복하여 배열하고 있는데 이 점도 『經史正音切韻指南』과 유사하다.

[2] 陸志韋, 「記徐孝的重訂司馬溫公等韻圖經」, 『燕京學報』 第三十二期, 1947, pp.169-196.

蟹:	咍海亥孩	乖拐怪槐
壘:	盃壘類雷	灰悔會回
效:	蒿好皓豪	包保泡袍
果:	訶哦賀何	多朵惰奪
假:	他打納拿	誇把罵麻
拙:	遮者哲宅	靴拙厥掘
臻:	根誏恨痕	昏惛混渾
山:	干敢炭談	湍疃象團
宕:	當黨揚唐	光廣晃黃
流:	齁厚吼侯	抒剖欸裒

이것을 앞에서 얘기한 押韻의 원리에 입각하여 재구한 음운체계는 다음과 같다.

通	(y)(w)iŋ		祝	wi#
止	[y(w)]ɨ#		拙	(y)(w)e#
蟹	$\begin{bmatrix}y\\w\end{bmatrix}$ay		臻	(y)(w)in
壘	(w)ɨy		山	(y)(w)an
效	$\begin{bmatrix}y\\w\end{bmatrix}$aw		宕	$\begin{bmatrix}y\\w\end{bmatrix}$aŋ
果	(y)(w)o#		流	$\begin{bmatrix}y\\w\end{bmatrix}$iw
假	$\begin{bmatrix}y\\w\end{bmatrix}$a#			

2) 聲母

徐孝는 원래 聲母를 22類로 분류하였으나 다음과 같이 19개로 정리할 수 있다.

見	溪	端	透	泥	幫	滂	明	非	曉
/k	kh	t	th	n	p	ph	m	f	x
精	清	(心)	心	照	穿	稔	審	來	影
c	ch	(z)	s	cr	crh	zr	sr	l	0/

이 聲母 체계는 現代北京語와 동일하다. 이것은 곧 現代北京語의 聲母 체계는 明代에 이미 완성되었으며 그 이후 본질적으로 변하지 않은 채 보존되어 왔다는 것을 의미한다.

『等韻圖經』의 聲母 체계를 『中原音韻』의 聲母 체계와 비교할 때 두드러진 특징은 /v/가 소실되었다는 점이다. 『等韻圖經』의 凡例에서도 "查敷微二母分別輕重, 亦係無形"이라 하며 이 사실을 설명해 주고 있다. 또 다른 특징은 疑母 /ŋ/의 소실이다. 예를 들면, 이전에는 서로 대비되었던 '吳/無, 玩/晩, 悟/勿'가 『等韻圖經』에 이르러서는 각각 동음이 되었다.

『等韻圖經』에 나타난 聲母 체계의 특징은 邵雍의 『皇極經世聲音唱和圖』나 周德淸의 『中原音韻』에서와 같이 濁聲母가 모두 淸音化하였다는 점이다. 따라서 원래 濁聲母였던 並, 定, 從, 床, 邪, 群, 匣 등은 사용되지 않고 있다. 그리고 輕唇音은 非敷微母(원래 濁聲이었던 奉은 제외)를 사용하여 표기하고, 모두 下等에 배열하고 있는데 이것은 이들이 舌面性의 聲母 즉, [+palatalization](/-y-/) 자질을 지닌 聲母였음을 나타낸다. 그러나 좀 더 자세히 살펴보면 徐孝의 이러한 결정은 매우 임의적이었다는 것을 알 수 있다. 왜냐하면 오직 '非' 아래에만 글자를 배열하고 있고, 또 자신이 원래 이러한 글자들을 中等에다 배열하려 했다는 것을 암시하고 있기 때문이다.3) 따라서 徐孝가 이렇게 배열한 까닭은 자신이 韻圖의 전통적인 틀을 벗어날 수 없었기 때문일 수도 있고, 한편으로는 다른 방언을 고려했기 때문일 수도 있는 것이다.

가장 우리의 흥미를 끄는 점은 徐孝가 脣音 聲母를 처리하는데 있어서 曡攝 단 하나의 예외를 제외하고 通攝, 效攝, 流攝에서는 이들을 齊齒呼에 속한 것을 제외한 모두를 合口로 간주하고 있는 것이다. 예를 들면 '烹, 朋, 封, 鳳' 등의 글자를 通攝第二合口篇에 배열하고 있다. 그의 처리 방법에 의하면 '包/pwaw/, 桮/phwiw/' 등과 같이 /waw/, /wiw/와 같은 韻母의 존재도 인정해야 할 것이며, 이것은 매우 합리적인 처리방법이라 보아야 할 것이다.

3) 聲調

『等韻圖經』에서 入聲 음절의 舒聲에의 분배법은 『中原音韻』과 비교해볼 때 크게 다르다. 『中原音韻』에서는 聲母가 淸音인 入聲 음절은 모두 上聲에 속하고 있으나, 『等韻圖經』과 現代北京語에서는 陰平, 陽平, 上聲, 去聲의 각 聲調에 나뉘어 속하고 있다. 이렇게 다시 나뉘어 속하게 된 원인이 무엇인지 자세히 알 수 없지만 現代北京語의 聲調 체계가 이미 『等韻圖經』에 이르러 약간의 차이를 제외하고는 거의 완성되었다고 할 수 있다.

『等韻圖經』이 반영하는 聲調 체계를 그림으로 나타내면 다음과 같다.

---

3) 序文에서 그는 "과거의 等韻圖는 36字母 밑에 4등으로 구분하여 글자들을 분류하고 있으나, 나는 18字母에 세 개의 等만을 사용한다"라 하고 있다. 陸志韋가 이미 지적하였듯이 사실 徐孝는 각 圖에서 15行 만을 사용하고 있다. 이것은 徐孝가 처음에는 모든 脣音 聲母를 같은 열에 배열하려고 하였지만, 후에 마음을 바꾸어 세 개의 輕脣音을 重脣音과 중복하여 배열하였다는 것을 말해 주고 있다.

『等韻圖經』

中古漢語 聲母 聲調	清		濁	
	全	次	次	全
平	平聲		如聲	
上	上			
去	去			
入	各聲		去	陽

4) 等

『等韻圖經』에서는 等을 上等, 中等, 下等의 3개의 等으로 구분해 놓아 전통적인 韻圖와는 크게 다르다. 그러나 中等에서는 捲舌音 聲母만 배열해 놓고 있다는 점이 특징이다.

3.2.3 『西儒耳目資』

『西儒耳目資』는 明末 중국에 와서 선교 활동을 벌인 프랑스 선교사 니꼴라 트리고(Nicolas Trigualt, 中國名은 金尼閣)의 저서로서 음절을 聲母와 韻母로 나누는 전통적인 방법을 쓰지 않고 처음으로 로마자를 가지고 音素 단위로 당시의 중국 음을 표기한 韻書로 유명하다. 1625년 山西의 絳縣에서 그 지방 사람인 韓雲을 조수로 하여 이 책을 편찬하고 그 다음 해인 1626년 西安으로 가서 陝西省 涇陽의 王徵의 檢訂을 받아 인쇄하였다고 한다.[4]

그는 선배인 마테오리치(Matteo Ricci, 中國名은 利瑪竇) 등이 고안한 로마자 표기법을 개량하여 사용하였다. 『西儒耳目資』에 반영된 음운

---

[4] 陸志韋, 「金尼閣西儒耳目資所記的音」, 『燕京學報』第三十三期, 1947, pp.115-128.

체계에 대해서는 아직까지 학자들 사이에 이견이 많다. 羅常培는 마테오 리치의 『程氏墨苑』에서 387개의 서로 다른 글자들을 뽑아 聲母, 韻母, 聲調를 귀납하고, 다시 『西儒耳目資』와 비교한 결과 이들 양자 사이에는 몇 가지 사소한 차이를 제외하고는 대체로 같다는 결론을 얻었다.[5] 『西儒耳目資』가 반영하는 音系가 山西에는 가본 적도 없는 마테오리치가 기록한 音系와 거의 일치한다는 것을 보면 『西儒耳目資』는 山西音을 기록한 것이 아니라 당시 官話를 기록한 것이라고 추측할 수 있다. 그러나 羅常培가 비교한 387개의 글자는 그다지 많은 것이 아니기 때문에 그 비교 결과를 가지고 그것이 당시의 官話를 기록한 것이라고 단정하기는 어렵고, 또 『西儒耳目資』에 반영된 音系가 비슷한 시기에 쓰여진 다른 자료들과 비교해 볼 때 차이점도 적지 않게 보이기 때문에 당시의 山西陝西方言과 당시의 官話音을 동시에 기록하고 있는 것으로 보는 것이 타당할 것 같다.[6]

『西儒耳目資』에 반영된 音系는 다음과 같이 정리할 수 있다.

1) 聲母

百	魄	麥	弗	物
/p	ph	m	f	w/
德	忒	搦	勒	
/t	th	n	l/	
則	測	色		
/c	ch	s/		

---

5) 羅常培,「耶穌會士在音韻學上的貢獻」,『歷史語言研究所集刊』1.3, pp.267-338.
6) 藤堂明保,『中國語音韻論』, 1957, p.101.

```
     者        搢        石        日
    /cr       chr       sr        r/
     格        克        黑        額
     /k        kh        h         0/
```

金尼閣은 聲母를 字父라 부르며 모두 20類로 분류해 놓고 있다.

2) 韻母

韻母는 字母라 부르고 있는데 陸志韋와 李新魁에 의하면 모두 41類로 귀납할 수 있다고 한다.7) 그것을 本稿에서의 표기 방법대로 정리하면 다음과 같다.

1. (y)(w)iŋ
2. [y(w)]i#
3. $\begin{bmatrix} y \\ w \end{bmatrix}$ay
4. (w)iy
5. $\begin{bmatrix} y \\ w \end{bmatrix}$aw
6. (y)(w)o#
7. $\begin{bmatrix} y \\ w \end{bmatrix}$a#
8. wi#
9. (y)(w)e#
10. (y)(w)in
11. (y)(w)an
12. won
13. $\begin{bmatrix} y \\ w \end{bmatrix}$aŋ
14. $\begin{bmatrix} y \\ w \end{bmatrix}$iw

韻母에 있어서 가장 두드러진 점은 『等韻圖經』에서는 /wan/에 합류되었던 『中原音韻』의 桓歡韻이 그대로 보존되고 있다는 것이다. 그리고

---

7) 陸志韋의 위의 논문 pp.118-9와 李新魁의 「記表現山西方音的西儒耳目資」, 『語文研究』 1982.1, pp.126-129 참조.

聲母와 韻母가 결합하는 데에 있어서 『中原音韻』이나 現代北京語와 차이를 보이고 있으며 그 외에는 당시의 다른 자료들이 반영하는 韻類와 대체로 유사하다.

3) 聲調
聲調는 모두 5類로 분류하고 있다.

   陰平迂 陽平魚 上聲語 去聲御 入聲域

여기에는 아직까지 入聲이 보존되어 있다. 李新魁에 의하면 이것은 당시 山西의 실제 음을 반영한 것이며 현대의 山西 방언을 조사해 보아도 대부분의 지역에서 入聲이 보존되어 있고 모두 喉塞音韻尾라 한다. 따라서 『西儒耳目資』가 쓰여진 당시에도 入聲 음절의 원래 운미 /p/, /t/, /k/가 喉塞音韻尾인 /ʔ/로 합류한 상태가 아닌가 추측된다.[8]

3.2.4 『韻略匯通』

『韻略匯通』은 蘭茂의 『韻略易通』을 근거로 하여 실제 음운체계에 맞게 수정한 것으로 1642년 畢拱宸이 편찬한 韻書이다. 畢拱宸은 字가 星伯이고 山東 掖縣人이다. 이것은 『韻略易通』과 더불어 明末 北京官話의 音系를 반영하는 중요한 韻書이나, 사실 이들 두 韻書에 대하여 연구하고 정확한 평가를 내린 사람은 그다지 많지 않다. 우선 『韻略匯通』이 반영하는 몇 가지 특징은 첫째, 『韻略易通』과 같이 東洪과 庚睛을 분리해 놓고 있으나, 자세히 분석하면 東洪에는 合口呼와 撮口呼인 글자들

---

[8] 李新魁 위의 논문 p.129.

을, 庚晴에는 開口呼와 齊齒呼인 글자들을 분류해 놓아 서로 상보적분포를 이루고 있다.9) 둘째, 先全에는 齊齒呼와 撮口呼인 글자들을, 寒山에는 開口呼와 合口呼인 글자들을 분류하여 tyk로 상보적분포를 이루고 있다. 셋째, 『等韻圖經』과 같이 /-m/과 /-n/이 합류하였다. 예를 들면, 眞文(/-n/)과 侵尋(/-m/)이 『韻略匯通』에서는 합류하였다. 넷째, 『韻略易通』과는 달리 平聲을 上平과 下平으로 양분하였으나 入聲은 여전히 따로 분류하고 있다. 다섯째, 聲母에 있어서 『韻略匯通』에서는 /ŋ/이 소실되었다.

『韻略匯通』이 반영하는 音系를 요약하면 다음과 같다.

1) 『韻略匯通』에서는 韻을 모두 16類로 분류하였다.

    1. 東紅   (y)wiŋ
    2. 江陽 $\begin{bmatrix} y \\ w \end{bmatrix}$aŋ
    3. 眞尋   (y)(w)in
    4. 庚晴   (y)iŋ
    5. 先全   y(w)an
    6. 山寒   (w)an
    7. 支辭   i#
    8. 灰微   (w)iy
    9. 居魚   y(w)i#
    10. 呼模   wi#
    11. 皆來 $\begin{bmatrix} y \\ w \end{bmatrix}$ay

---

9) '烹, 朋, 孟' 등과 같은 순음성모를 가진 글자들도 합구호인 글자들과 같이 분류하고 있다.

12. 蕭豪 $\begin{bmatrix} y \\ w \end{bmatrix}$aw

13. 戈何 (w)o#

14. 家麻 $\begin{bmatrix} y \\ w \end{bmatrix}$a#

15. 遮蛇 y(w)e#

16. 幽樓 $\begin{bmatrix} y \\ w \end{bmatrix}$iw

이 가운데 앞의 6韻에는 入聲이 있고 뒤의 10韻에는 없다. 『韻略易通』과 비교할 때 나타나는 차이는 다음과 같다.10)

『韻略匯通』	『韻略易通』
眞尋	(眞文의 平上去와 眞의 入聲)+(侵尋)+(庚晴 중 晴의 入聲)
東洪	(東洪)+(眞文 중 文의 入聲)
先全	(先全)+(廉纖)+(端歡의 平上去)
江陽	(江陽)+(端歡의 入聲)
居魚	(居魚)+(西微 중 西韻字)
灰微	(灰微 중의 微韻字)

2) 『韻略匯通』에서는 聲母에 대해서는 아무런 언급이 없으나 '早梅詩'의 각 음절을 성모의 대표자로 삼았다.

3) 聲調에 있어서, 『韻略匯通』에서는 平聲을 上平과 下平으로 나누었는데, 이것은 각각 『中原音韻』의 陰平과 陽平에 해당한다.

이로부터 알 수 있는 것은 『韻略匯通』은 비록 『韻略易通』을 기초로 하여 개편한 것이지만 語音의 각도에서 보면 오히려 당시의 실제 語音에

---

10) 趙誠, 『中國古代韻書』, 北京中華書局, 1980, p.93.

맞게 반영하려고 하였다는 점이다.

3.2.5 『五方元音』

『五方元音』도 역시 『韻略易通』을 기초로 하여 편찬한 韻書로서 明末淸初(1654년에서 1664년 사이)에 완성되었다. 작자는 樊騰鳳으로 字는 凌虛이며, 河北 唐山人이다. 『五方元音』은 淸代에 비교적 널리 전파되었던 檢音求義를 위한 分韻字典이었다. 『五方元音』에서는 韻을 12類로 분류하였지만 十三轍과 상통한 점이 많다.

대부분의 학자들은 이 『五方元音』이 陰陽五行說의 영향을 받은 것으로 여겨 경시하여 온 것이 사실이다. 그러나 趙蔭棠이 「康熙字典字切韻要法考證」, 『中原音韻硏究』, 『等韻源流』 등에서 『五方元音』을 小學派 韻書로 간주하고 이 책의 역사적인 배경과 기타 韻書와의 관계들을 고증한 것을 시작으로 해서, 陸志韋가 「記五方元音」에서 이 韻書가 반영하는 음계를 비교적 체계적으로 연구함으로써 近世官話의 語音史에 있어서 비교적 중요한 韻書로서의 가치를 부여 받았다.

王力의 『漢語音韻史』와 李新魁의 『漢語等韻學』에서도 이것을 明淸 음운체계를 연구하는 중요한 근거로 보고 있다. 『五方元音』에 반영된 음운체계는 다음과 같이 요약할 수 있다.

1) 『五方元音』에서는 韻을 모두 12類로 분류하였다.

1. 天   (y)(w)an
2. 人   (y)(w)in
3. 龍   (y)(w)iŋ
4. 羊 $\begin{bmatrix} y \\ w \end{bmatrix}$aŋ

7. 虎   wɨ
8. 駝   (w)o#
9. 蛇   y(w)e#
10. 馬 $\begin{bmatrix} y \\ w \end{bmatrix}$a#

5. 牛 $\begin{bmatrix} y \\ w \end{bmatrix}$iw   11. 豺 $\begin{bmatrix} y \\ w \end{bmatrix}$ay

6. 熬 $\begin{bmatrix} y \\ w \end{bmatrix}$aw   12. 地 [y(w)]i#

이 가운데 앞의 6韻에는 入聲이 있고 뒤의 6韻에는 없다.『韻略匯通』에서 16韻으로 분류한 것에 비해 매우 간략하다. 작자는 12韻으로 나눈 이유를 1년의 12달, 하루의 12시간 등과 상배시켜 이 12라는 숫자에서 증감할 수 없다고 설명하고 있는데 이러한 설명은 다분히 陰陽五行說의 영향을 받은 것으로 이 때문에 韻書로서의 가치조차 의심받아 왔다. 그러나 이 12韻은 비록 그 숫자는 다르지만 十三轍과 상통한 점이 많다.

2)『五方元音』에서는 聲母는 모두 20類로 분류하였다.

1. 梆	2. 匏	3. 木	4. 風	5. 斗	6. 土	7. 鳥	8. 雷
/p	ph	m	f	t	th	n	l
9. 竹	10. 虫	11. 石	12. 日	13. 剪	14. 鵲	15. 系[11]	16. 云
cr	chr	sr	r	c	ch	s	y
17. 金	18. 橋	19. 火	20. 蛙				
k	kh	h	w/				

이 가운데 云母와 蛙母는 각각 介音 /y/와 /w/를 나타낸다. 이것을 『韻略易通』의《早梅詩》의 20聲母와 비교해 보면『五方元音』에 이르러서는 /v/ 성모가 완전히 零聲母化한 것 외에 다른 차이는 없다.

---

11) '絲'자를 줄여서 쓴 글자로서 /s/를 대표하고 있다.

3) 聲調는 모두 5類로서 上平, 下平, 上聲, 去聲, 入聲이며 이는 『韻略匯通』과 같다. 입성자는 운미가 없거나 혹은 원음운미를 지닌 음성운에 대응시키고 있다.

3.2.6 十三轍

十三轍은 『中原音韻』과 마찬가지로 北曲의 용운에 사용되었던 13개의 韻部로서, 13개 轍의 이름만 있고 책으로 존재하고 있지는 않지만 明末淸初로부터 현대에 이르기까지의 語音 현상을 반영하고 있다는 점에 있어서 近世官話의 통시적 연구에 상당히 중요한 자료 중의 하나이다. 十三轍은 오늘에 이르기까지 여전히 戲曲과 曲藝에 사용되고 있을 뿐만 아니라 現代北京語의 韻類체계와도 매우 접근해 있다. 따라서 우리가 고대에서 현대로가 아닌 현대에서 고대로 거슬러 올라가면서 音韻을 역사적으로 연구할 때에 제일 먼저 언급되는 것이 바로 이 十三轍이다.

十三轍은 지금으로부터 약 2-300년 전에 형성되었으며, 당시의 戲曲, 曲藝, 民歌, 俗曲 작자들은 모두 이 十三轍에 의거해서 작품을 썼기 때문에 당시 詩詞韻書로 사용되었던 『平水韻』에 비하면 그 영향력은 훨씬 컸던 것으로 추측된다. 따라서 十三轍은 『中原音韻』에 버금가는 民間曲韻의 표준이라 할 수 있다. 그러나 문인학사들은 오히려 十三轍을 경시하는 태도를 보였다. 그들은 이러한 민간문학작품을 늘 보기는 하였으나 내용이 저속하다 하여 소인들의 것이라 여겼기 때문에 그들에게는 이 十三轍은 절대로 大雅之堂에 오를 수 없었던 것이다. 그러나 문학가이자 언어학자였던 劉復(즉, 劉半農)은 이러한 편견을 바로 잡고 十三轍에 의거하여 위의 각종 자료들의 韻脚을 정리하였는데 그 결과 十三轍이 明淸代의 통속 문학에 있어서 押韻의 근거로 사용되었음을 증명하였다. 그리고 王力의 『漢語史稿』에서도 현대 音韻의 韻類를 설명하면서 十三轍

과 비교하여 설명하고 있다. 그는 十三轍의 운류체계는 現代北京語의 운류체계와 밀접한 관계가 있으며, 現代北京語의 연구에서도 중요한 지위를 차지하고 있다고 주장하고 있다.

十三轍은 13개의 韻類로 구성되어 있으며 轍은 轍口로도 불리운다. 13개의 명칭은 사람에 따라 달리 표현될 수도 있으나 대체로 다음과 같다.

東中	(y)(w)iŋ	姑蘇	wi#
一七	[y(w)]i#	乜邪	(y)(w)e#
懷來	$\begin{bmatrix}y\\w\end{bmatrix}$ay	人辰	(y)(w)in
		言前	(y)(w)an
灰堆	(w)iy	江陽	$\begin{bmatrix}y\\w\end{bmatrix}$aŋ
遙條	$\begin{bmatrix}y\\w\end{bmatrix}$aw	油求	$\begin{bmatrix}y\\w\end{bmatrix}$iw
梭坡	(y)(w)o#		
發花	$\begin{bmatrix}y\\w\end{bmatrix}$a#		

그러나 十三轍은 戲曲에 종사하는 사람들의 입과 귀로 전해 내려온 것으로서, 1937년 中國大詞典編纂處에서『北京音系十三轍』(張洵如編, 魏建功參校)을 印行한 것이 처음으로 발간된 책이다. 후에 羅常培가 1942년 당시 속문학작품을 '絲貫繩牽'의 방법으로 韻類를 귀납한 결과 당시의 韻類는 13개로서 十三轍과 완전히 일치함이 증명되었다.[12]

明淸이래 官話地區의 地方戱는 대체로 皮黃系統, 梆子系統에 속하며 모두 十三轍을 사용하였다. 十三轍이 사람들에게 중시를 받기 시작한 것은 대략 淸代 중엽 崑曲이 쇠미하고 地方戱 '花部亂彈'이 그것을 대신

---

[12]『北京俗曲百種摘要』참조.

할 무렵이다. 그 후 皮黃戲는 북경에 전래되어 京戲로 발전하여 흥성하였을 뿐만 아니라 각지로 전파되었다. 京戲에서는 唱詞押韻할 때에 十三轍을 사용하였으며, 十三轍은 京戲에서 標準曲韻의 위치를 차지하며 오늘에 이른 것이다.

語音史의 각도에서 보면 十三轍은 周德淸의 『中原音韻』과 일맥상통한다고 할 수 있다. 그러나 『中原音韻』에서는 平聲을 陰陽으로 나누고 入聲을 다른 三聲에 派入시킨 반면, 十三轍에서 入聲은 전혀 보이지 않고 閉口韻/-m/도 완전히 소실되었다. 十三轍을 이해하기 위해서는 비록 당시에 책으로 쓰여져 전해 내려오지는 않지만 그것의 형성된 시기와 비슷한 시기에 편찬된 몇 가지 韻書를 참조할 필요가 있다. 이들 韻書들이 설정한 韻類의 수는 12 혹은 13으로 분류하였는데, 樊騰鳳의 『五方元音』에서는 12, 徐孝의 『等韻圖經』에서는 13개의 攝으로 분류한 것 등을 들 수 있다.

3.3 朝鮮시대의 對音자료

朝鮮시대의 對音자료도 中國 近世官話의 통시적 연구에 빼놓을 수 없는 중요한 자료이다. 朝鮮시대에는 司譯院이란 기관을 설치하여 中國語를 학습케 하였는데 거기에서 사용하던 교재가 바로 『老乞大』와 『朴通事』였다. 이 두 책이 쓰여진 시기는 대략 1346년에서 1423년 사이인 것으로 추정되며,[13] 당시는 한글이 창제되기 전이었다. 1443년 『訓民正音』이 창제된 후 이들 책에다 한글로써 注音을 하기 시작하였는데, 16세기 崔世珍(1473?-1542)이 訓民正音을 사용하여 이 두 책에 注音을 함

---

13) 丁邦新, 「老乞大諺解, 朴通事諺解序」, 聯經出版事業公司, 1978.

과 아울러 당시의 우리말로 번역을 하여 『翻譯老乞大』와 『翻譯朴通事』를 편찬하였다. 여기에다가 注音을 한 방식은 漢字 하나하나의 왼쪽과 오른쪽 밑에 두 가지 음을 표기하였는데, 左側音은 申叔舟가 『四聲通考』를 편찬할 때의 時音으로서, 韻圖에 맞지 않아 '俗音'으로 칭한 15세기 중국의 北方音을 나타내는 음이고, 右側音은 崔世珍이 『訓蒙字會』를 편찬할 때 직접 듣고 접하고 '今俗音'이라 칭하였던 16세기의 北方音이다. 그 이후 대략 100년에 한 번씩 새로운 '今俗音'으로 注音한 책들이 나왔는데 이들 또한 17-8세기 北方官話를 통시적으로 연구하는데 중요한 자료가 된다.

『翻譯老乞大』와 『翻譯朴通事』 외에 그 이후 쓰여진 對音자료로는 『老乞大諺解』(1670), 『朴通事諺解』(1677), 『朴通事新釋諺解』(1765), 『華音啓蒙諺解』(1883) 등이 있는데[14] 이들 자료에 반영된 聲母와 韻母 체계는 비슷한 시기의 중국자료들과 유사하기 때문에 여기에서는 생략하기로 한다. 그러나 이들 자료의 중요성은 바로 중국 자료를 통하여서는 잘 살펴 볼 수 없는 聲母와 韻母의 결합관계가 잘 반영되어 있다는 점과, 중국의 韻書나 韻圖의 편찬자들이 자신들의 守舊觀念 때문에 사실을 올바로 반영하지 못하는 것과는 달리 발생하는 音變을 그때그때 충실하게 반영하였다는 점을 들 수 있다.

그러나 이들 對音 자료를 가지고 연구를 하는 데에도 반드시 주의를 해야 할 문제가 있다. 그것은 中國語와 우리말 사이에는 語音의 체계상

---

14) 이들 자료에 관해서는 康寔鎭의 『老乞大, 朴通事研究』(國立台灣師大博士論文, 1985), 蔡瑛純 『從朝鮮對譯資料考近代漢語音韻之變遷』(國立台灣師大博士論文, 1986), Young Man, Kim의 *Middle Mandarin Phonology: A Study Based on Korean Data*(Doctoral Dissertation, The Ohio State University, 1989) 등을 참조.

큰 차이가 존재하기 때문에 中國語에는 있고 우리말에는 없는 음, 반대로 우리말에는 있으나 중국어에는 없는 음이 많다는 점이다.

제4장 『中原音韻』 이후 聲母 音韻의 변화

『中原音韻』 이후 中國 近世官話에는 여러 가지의 변화가 있었는데, 이러한 변화를 전통적인 방법대로 聲母, 韻母, 聲調로 나누어 검토하기로 한다. 이 章에서는 우선 『中原音韻』 이후 聲母 音韻의 통시적 變化 상황을 脣音(labials: /p, ph, m, f, v/), 舌頭音(dentals: /t, th, n, l/), 齒頭音(dental sibilants: /c, ch, s/), 齒上音(retroflexes: /cr, chr, sr, r/), 喉牙音(gutturals: /k, kh, h/)으로 나누어 살펴보기로 한다.

4.1 脣音

『中原音韻』 시기의 脣音 聲母 /p, ph, m, f, v/는 三十六字母의 '幫, 滂, 並, 明, 非, 敷, 奉, 微'母에서 유래하였다. 이 중 '非, 敷, 奉'母는 宋代에 이미 구별이 없어졌으며 全濁聲母인 '並'母는 淸化하여 幫母와 滂母에 합류하였다. 합류하는 방식은 平聲은 送氣音인 滂母로, 仄聲은 幫母로 변한 것이다. 이것을 音韻 공식으로 나타내면 다음과 같다.[1]

---

[1] 'A→B/X__Y'라는 音韻 공식에서 화살표는 변화를 표시한다. 즉 A에서 B로 변한다는 뜻이다. 그 뒤에 있는 '/'는 변화가 일어나는 환경 전체를 의미하며, 환경 속

$$pH \rightarrow \begin{cases} ph/\#\_\_\_\_V(平) \\ p/\#\_\_\_\_V(仄) \end{cases}$$

(H는 濁音資質)

즉, 위의 공식과 같은 변화를 거쳐 『中原音韻』의 /p, ph, m, f, v/로 변한 것이다. 그러나 이러한 濁音의 淸化 현상은 脣音뿐 아니라 舌頭音, 齒頭音, 齒上音, 喉牙音 모두에서 발생하였다. 따라서 위의 공식에서 /p/를 빼면 다음과 같이 일반적인 공식으로 나타낼 수 있다.

$$H \rightarrow \begin{cases} h/\#\_\_\_\_V(平) \\ 0/\#\_\_\_\_V(仄) \end{cases} \quad (1)$$

(H는 濁音資質)

『中原音韻』 이후 現代北京語에 이르기까지 脣音 /p, ph, m, f/에는 아무런 변화가 없었고, 다만 /v/母에만 변화가 일어났다.

/v/母는 等韻시기 36字母의 '微'母에서 유래한 것으로서 '微'母의 통시적 변화 과정은 [m]→[m̰]→[v]→[w]→[u]이다. 그러나 이 변화 과정 중 『中原音韻』시기에는 /v/이었으며 그 이후에 零聲母化하였다.[2] 그렇다면 『中原音韻』시기 /v/의 음가는 무엇이었을까? 陸志韋가 "『中原音韻』을 근거로 하여 수정을 한 卓從之의 『中州樂府音韻類編』에서 중고 微母

의 X와 Y는 變數로서 零이 될 수도 있다. 그리고 X와 Y 사이의 ___는 변화가 일어나는 장소를 나타낸다. 즉 이 音韻 공식에 의하면 A라는 音韻이 X와 Y 사이에 나타날 때 B라는 音韻으로 변한다는 것을 의미한다.

[2] 『韻略易通』에서는 '無'母가 /v/를 대표한다.

字인 '文刎問'등의 글자는 '(溫)隱搵' 등의 글자와 같은 음이 아니며,『中州樂府音韻類編』의 체례에 의하면 음양조가 짝을 이루고 있어 眞文韻에 '因'과 '銀'은 음양으로 짝을 이루는 반면, '溫'과 '文'은 서로 짝을 이루지 않는다. '溫'에는 음평만 있고 양평이 없으며, '文'에는 양평만 있고 음평이 없다. '微'모는 어떤 운에서든 모두 陽調이며 陰調와는 짝을 이루지 않는다"3)라 한 점을 근거로 하면, 당시 微母는 [w]와는 다른 음가를 지니고 있었음을 알 수 있다. 그렇다고 [v]였을 것으로 추측할 수는 없다. 왜냐하면 만약 [v]였었다면 위의 공식(1)의 변화로 인해 모두 淸化하였을 것이기 때문이다. 그렇다면 이 성모는 [v]와 [w]사이의 반원음성질을 지닌 순치음이었을 것으로 추측된다.

한편 王力은 다음과 같이 15, 16세기에 '微'母의 音價는 [v]였다고 설명하고 있다.

"이 [v]는 14세기『中原音韻』시기부터 17세기까지 줄곧 보존되었다. 그 후에 비로소 반원음 [w]로 변하고, 최후에는 원음 [u](介音 혹은 전운)로 변하였다."4)

그러나 이 /v/母의 통시적 變化 과정을 뚜렷하게 반영해주는 중국 자료는 드물고 오히려『翻譯老乞大』등과 같은 조선 시대의 對音 자료에 잘 나타나 있다. 16세기 초의 자료인『翻譯老乞大』의 注音을 보면 '微'母는 韻尾 /w/와 함께 모두 'ㅱ'로 표기되어 있어 당시에 이미 반원음 [w]로 읽히고 있었음을 알 수 있다. 崔世珍5)도 "微母는 喩母에 가깝게

---

3) 陸志韋,「釋中原音韻」,『燕京學報』第三十一期, p.41.
4) 王力,『漢語史稿』, p.128.
5) 崔世珍은 北京語音韻에 정통하였고 북경에도 수차례 가서 성운 문제를 연구 토론하고, 口語의 실제를 관찰하였다고 한다. 그는 당시의 사람들의 口語에서 微母와 喩母는 이미 분별할 수 없음을 발견한 것이다.

소리를 낸다(微母則作聲近于喻母)"라 하며 이러한 사실을 분명히 설명하고 있다. 따라서 王力이 주장한 바와는 달리 17세기 이전에 '微'母는 이미 반원음 혹은 원음으로 읽혀 /v/는 소실되어 中古 影, 喻母의 變音과 합류하여 零聲母가 되었음이 분명하다. 『五方元音』에서는 中古 微母의 글자들을 蛙母에 분류하여 이 사실을 반영하고 있다. 따라서 우리는 이 /v/母의 零聲母化를 다음과 같은 공식으로 나타낼 수 있다.

$$v \rightarrow 0/\#_____ \quad (2)$$

4.2 舌頭音

『中原音韻』의 舌頭音 /t, th, n, l/母는 中古 三十六字母의 '端, 透, 定, 泥, 來'母에서 유래하였다. 이 중 濁聲母인 定母는 『中原音韻』 이전에 이미 淸化하여 端母와 透母에 합류하였으며 합류한 방식은 공식 (1)과 같다. 그러나 『中原音韻』 이후 現代北京語에 이르기까지 이들 聲母에는 아무런 변화가 발생하지 않았다.

4.3 齒頭音

『中原音韻』의 齒頭音 /c, ch, s/는 中古 三十六字母의 '精, 淸, 從, 心, 邪'母에서 유래하였으나 이 중 濁聲母인 從母와 邪母는 공식 (1)이 나타내는 변화로 인하여 『中原音韻』 이전에 이미 淸化하여 從母는 精淸母에, 邪母는 心母에 각각 합류하였다. 『中原音韻』 이후의 변화 중 가장 두드러진 것은 介音 /y, yw/와 결합하는 음절들이 顎化한 현상이다. 그러나 이것에 대해서는 喉牙音의 顎化현상을 설명할 때 함께 설명될 것이다.

4.4 齒上音

『中原音韻』이전에 三十六字母의 知系와 照系의 聲母는 이미 합류하였는데『中原音韻』의 齒上音 /cr, chr, sr, r/는 바로 이들로부터 유래하였다. 그러나『中原音韻』시기에는 이들 聲母는 [+pal], [-pal] 자질을 지닌 介音과 모두 결합할 수 있었다. 다시 말하자면, 당시에는 現代北京語와는 달리 이들은 /y/, /yw/ 介音을 지닌 韻母와 결합할 수 있었다. 예를 들면 '知, 市, 書' 등은『中原音韻』시기에는 각각 /cryiy, sryiy, srywi/이었다. 그러나 現代北京語에서는 [+pal]인 介音, 즉 /y/를 포함하는 介音과는 절대로 결합할 수 없게 되었다. 즉 照系의 三等字는 /y/를 포함하는 介音과 결합할 수 없게 되자 二等字와의 구분은 없어지게 된 것이다.

이러한 변화 과정은 徐孝의『等韻圖經』에 잘 반영되어 있다.『等韻圖經』에서는 전통적인 等韻圖의 배열방법과는 달리 上等, 中等, 下等의 3개의 等으로 구분해 놓았다. 그러나 이것은 두 개의 等으로 줄일 수 있다. 왜냐하면, 中等에서는 捲舌音 聲母만 배열해 놓고 있기 때문이다. 그렇게 한 이유는 첫째, 精系와 照系의 전통적인 관계를 무시할 수 없었기 때문이고, 둘째, 이보다 더 중요한 것은 이 시대에 이미 捲舌音 聲母는 舌面音 介音 /y/와 결합할 수 없었기 때문이다. 따라서『等韻圖經』이전에 이미 다음과 같은 변화가 있었음을 알 수 있다.

$$y \rightarrow 0/r_____ \quad (3)$$

즉 /cr, chr, sr, r/의 /r/資質 뒤에서 /y/가 탈락하였다는 것이다.

실제로『中原音韻』으로부터 現代北京語에 이르는 사이의 중요한 韻書나 韻圖에 보이는 이들의 변화 과정을 도표로 나타내면 다음과 같다.

**2, 3等 齒音의 合流---遇, 山合, 通, 效 各攝

攝名	例	中原音韻	韻略易通	等韻圖經	五方元音	現代 北京語
遇	2疏 3書	srwɨ srywɨ	srwɨ srywɨ	srwɨ srywɨ	srwɨ srwɨ	srwɨ srwɨ
山合	2饌 3專	crwan crywen	crwan crywen	crwan crwan	crwan crwan	crwan crwan
通	2崇 3蟲	crhwiŋ chrywiŋ	crhwiŋ chrywiŋ	crhwiŋ crhwiŋ	crhwiŋ crhwiŋ	crhwiŋ crhwiŋ
效	2嘲 3昭	craw cryaw	craw cryaw	craw craw	craw cryaw	craw craw

**2, 3等 齒音의 合流---開口一般各攝

攝名	例	中原音韻	韻略易通	等韻圖經	五方元音	現代 北京語
山	2山 3善	sran sryan	sran sryan	sran sran	sran sran	sran sran
臻	2臻 3眞	crin cryin	crin cryin	crin crin	crin cryin	crin crin
梗	2爭 3征	creŋ cryeŋ	creŋ cryeŋ	criŋ criŋ	criŋ cryiŋ	criŋ criŋ
流	2皺 3周	crɨw cryɨw	crɨw cryɨw	crɨw crɨw	crɨw cryɨw	crɨw crɨw

그렇다면 문제는 과연 모든 齒上音들이 이렇게 변하였는가 하는 것이다. 이전의 二等韻과 三等韻을 中等에다 배열해 놓은 예는 止攝과 祝攝의 合口를 제외한 모든 韻圖에서 보인다. 이것은 이러한 변화가 위의 첫 번째 도표에서 보는 바와 같이 /-ywɨ/韻母를 제외한 모든 韻母에서 일어났음을 나타낸다. 이렇게 전면적이 아닌 부분적으로 변한 현상은 語音의 변화는 어떤 시점에 특정 형태의 음절에서만 점진적으로 일어나다가 후에 전체 음절로 확산한다는 일반적인 가설을 증명할 수 있는 좋은

예가 된다고 할 수 있다. 그러나 /-ywi/와 결합이 가능하였던 음절에서 /y/의 탈락현상은 전체 音韻체계의 변천 규율 상 늦어도 齒上音과 喉牙音에서 顎化현상이 일어나기 이전에 완성되었던 것으로 생각된다.

4.5 喉牙音

喉牙音 /k, kh, ŋ, h/은 36字母의 見, 溪, 群, 疑, 曉, 匣 등으로부터 유래하였다. 이미 언급한 바와 같이 群, 匣 등의 全濁聲母는 『中原音韻』 이전에 淸化하여 群母는 見溪母에, 匣母는 曉母에 합류하였다.

『中原音韻』으로부터 現代北京語에 이르는 동안 喉牙音에서 일어난 변화는 무엇보다도 疑母의 零聲母化와 齊齒呼와 撮口呼의 顎化現象을 들 수 있다. 우선 疑母의 변화를 검토하기로 한다.

4.5.1 疑母의 변화

等韻 시기의 次濁聲母 疑母(/ŋ/)는 『中原音韻』에 이르러서는 다양하게 변화하였다. 즉 일부분은 中古의 影喩母와 합류하고, 일부분은 中古 泥娘母와 합류하였으나, 다른 극히 일부분의 글자들은 여전히 /ŋ/聲母를 보존하고 있었다. 『中原音韻』 당시에도 독립되어 있던 이들 疑母字는 그 이후 두 갈래의 길을 걷게 되는데, 대부분의 경우 零聲母가 되었고, 나머지는 中古 泥母와 합류하여 /n/으로 변하였다. 따라서 零聲母로 변한 것을 일반적인 현상이라 볼 때 이러한 변화는 다음과 같은 규율로 나타낼 수 있다.

$$\eta \rightarrow 0/\#_____ \quad (4)$$

이러한 변화가 일어난 시기는 15세기 이전인 것으로 추측된다. 왜냐하면 15세기 『韻略易通』에서 이미 次濁聲母 疑母 /ŋ/가 없어졌고, 17세기 초 『等韻圖經』에서도 次濁聲母 疑母는 보이지 않기 때문이다.

또 다른 변화, 즉 /n/으로 변한 현상은 공식 상으로는 다음과 같이 표시할 수 있을 것 같다.

$$ŋ \rightarrow n/\#_____ \quad (4')$$

그러나 (4')는 공식으로 성립되기가 어렵다. 그것은 이렇게 聲母가 /n/으로 변화한 글자가 '逆, 擬, 牛, 虐' 등 극히 소수에 지나지 않고, 그들 가운데에서도 어떠한 일반적인 규칙을 찾아낼 수 없기 때문이다. 다만 이 현상은 일종의 同化作用에 의한 것이라고 설명할 수 있을 뿐이다. 이러한 현상에 따라 /n/으로 바뀐 글자들은 그 韻母가 모두 [+pal] 자질을 지닌 介音 /y/를 포함하고 있다. 이러한 부분적인 疑母字는 疑母와 影, 云, 以 3母가 합류하여 零聲母로 변하였을 때에도 예외적으로 이전의 聲母, 즉 /ŋ/인 상태로 있었을 가능성이 크다.6) 그런데 語音의 변화 규율에는 모두 시간적인 제한이 있고, 일정한 시간이 지나면 그 규율은 다시 작용을 하지 못하기 때문에 이들의 聲母는 줄곧 보존되어 零聲母化하지 않았다. 그러나 후에 이들 聲母는 介音의 발음부위와 서로 모순되어 介音의 영향을 받아 앞으로 이동하였다. 그런데 다른 同化作用과 다른 점은 이들은 介音과 같은 부위로 앞으로 이동한 후에도 거기

---

6) 이들 글자는 『中原音韻』에서는 영성모인 글자들과 동음자군을 형성하고 있는데, 그 이유는 이 동음자군에서는 /ŋ/모가 변별적이지 않았기 때문이며, 음성적으로는 그 당시에도 존재하였을 것으로 보인다. 실제 江陽韻, 蕭豪韻 내에서는 疑母가 영성모인 글자들과 변별적인 경우가 있다.

에서 그치지 아니하고 舌尖까지 계속 이동하여 聲母 /n/이 된 것이다. 그러나 河南開封話와 같은 일부 方言에서는 이들 疑母字의 聲母 /ŋ/이 舌面前까지 이동한 다음 더 이상 앞으로 이동하지 않아 '你'/ɲi/, '年'/ɲian/ 등과 같이 聲母 /ɲ/이 된 사실에서도 그것의 변화 과정을 알 수 있다.7) 이러한 변화는 16세기 초의 자료인 『翻譯老乞大』에서 '牛' 의 讀音을 모두 '뉴'로 표기한 것으로 보아 늦어도 15세기에는 聲母가 이미 /n-/으로 변하였음을 알 수 있다.

4.5.2 見系와 精系의 顎化現象

4.5.2.1 中古 이후 韻母는 원래 開合 兩呼에서 점점 분화하였다. 즉 中古 의 開口呼는 開口呼와 齊齒呼로, 合口呼는 合口呼와 撮口呼로 각각 분 화하였다. 聲母와 韻母의 결합에 있어서 모든 聲母는 開, 合, 齊, 撮 四 呼의 韻母와 결합할 수 있을 것 같지만 실제로는 그렇지 못하다. 어떤 聲母는 開合 兩呼의 韻母와만 결합며, 齊撮 兩呼의 韻母와는 결합하지 않기도 한다. 이것은 現代北京語에서도 거의 마찬가지이다. 예를 들면 /k, kh, h/ 및 /c, ch, s/([ts, tsh, s]) 聲母는 /a/와 /wi/([u])와는 결합 할 수 있지만 /yi/([i]), /ywi/([y])와는 결합하지 못한다. 그것은 /y/를 포함하는 介音은 /y/의 [+palatal] 자질로 인하여 발음할 때에 혀의 앞 부분이 반드시 위로 들어 올려져 경구개에 접근하여 이들 聲母의 발음방 법과 서로 모순되기 때문이다. 발음상의 이러한 원인으로 인하여 齊撮 兩呼가 開合 兩呼로부터 분리된 후, /y/를 포함하는 介音은 그들과 결 합하는 聲母를 자신과 발음 방식이 유사한 음으로 변하게 하였다. 이것

---

7) 郭振生, 「北京語歷史音變過程中的同化現象」, 『河南大學學報』 1986.5, p.113

을 顎化現象(일명 口蓋音化현상)이라 하는데 이 顎化現象은 [+pal]자질을 지닌 介音 /y/가 그 앞의 보음에 영향을 끼쳐 그 보음으로 하여금 역시 [+pal] 자질을 지닌 음으로 변하게 하는 일종의 同化현상이다.

마르띠네(A. Martinet)에 의하면 音韻이 변천하는 과정에는 連鎖反應(chain effect)이라는 것이 있다고 한다.[8] 連鎖反應이란 어떠한 음이 변하게 되면 기타 다른 음도 따라서 연쇄적으로 변하게 되는 현상을 말한다. 이러한 連鎖反應은 다시 밀기연쇄(push chain)와 끌기연쇄(drag chain)로 나눌 수 있다. 밀기연쇄란 甲이란 음이 이 존재하고 있는 乙이란 음으로 변하였을 때 이들 양자 사이에 辨義技能을 유지하기 위해 乙음은 다시 다른 丙이란 음으로 변하는 연쇄반응을 말한다. 따라서 이 연쇄반응은 辨義를 위해서 일어나는 것이다. 즉, 辨義가 밀기연쇄를 일으키는 기본원인이 된다고 할 수 있다. 끌기 연쇄란 밀기연쇄와 상반된 것으로, 甲이란 음이 乙이란 음으로 변하였을 때 丙이란 음을 이끌어 들여 자기가 변화한 후에 생기는 공간(hole)을 메우게 하는 연쇄반응을 가리킨다. 이 끌기 연쇄를 형성하는 주요 원인은 발음 부위상의 균형(balance)을 유지하기 위한 것이다. 따라서 이 顎化현상도 이러한 연쇄반응 중 끌기연쇄의 일종이라 볼 수 있다. 왜냐하면 照三의 聲母가 介音 /y/를 잃고(위의 공식 (3)) 現代北京語에서와 같이 진정한 捲舌音으로 변하자 介音 /y/의 입장에서는 결합할 수 있는 擦音成分(즉 [+affricate] 자질)을 지닌 聲母를 잃어 공간이 생기게 되었으며, 見系와 精系가 顎化하여 그 공백을 메우게 된 것이다.

4.5.2.2 종래의 학자들은 이러한 顎化현상을 '尖團不分'이란 용어를 사용

---

8) Martinet, A.(1952), "Function, Structure, and Sound Change," *Word* 8, pp.1-32

하여 나타냈다. 이것은 尖音과 團音의 구분이 없어졌다는 의미이다. 現代北京語에서 舌面音인 [tɕ, tɕh, ɕ]를 聲母로 하는 음절에는 中古 齒音이었던 精, 淸, 從, 心, 邪의 각 字母에서 유래한 것과 牙音인 見, 溪, 群, 曉, 匣의 각 字母에서 유래한 것이 있는데9) 이 두 류의 字母에서 유래한 음절이 現代北京語에서는 구별이 되지 않고 있지만, 山東語같은 方言에서는 서로 구별된다. 이렇게 이들 양자가 구별되는 경우, 전자를 尖音, 후자를 團音이라 칭한다.10)

이 현상의 발생 시기를 정확하게 밝혀내는 것은 現代北京語 音韻體系의 성립 과정의 연구에도 중요한 열쇠가 된다. 그러므로 우선 尖團不分의 문제에 관하여 종래의 몇 가지 학설을 검토하고 나아가 새로운 자료들도 검토하여 北方語音史에 있어서 顎化현상의 발생 시기에 관한 문제를 토론해 보기로 한다.

4.5.2.3 지금까지 尖團不分 현상에 관하여 언급한 논문은 몇 편 있으나, 史的인 면에서 설명한 것은 많지 않다.11)

---

9) 喩母三等의 '雄, 熊'도 포함한다. 또 뒤에서 언급되는 鴉도 喩母三等이다. 喩母三等은 匣母가 聲母를 잃고 합류한 것으로 풀이된다.
10) '尖音', '團音'이란 명칭은 상응하는 만주문자로 썼을 때, 精, 淸, 從, 心, 邪은 그 머리부분이 날카로운 모양(尖)이고, 見, 溪, 群, 曉, 匣은 그 머리부분이 둥근 모양(團)이기 때문에 붙여진 것이라 한다. 王爲民, 「滿文文獻與尖團音問題」, 『中國語文』 2017年期(總378期), pp.338-352
11) 이에 관하여는 다음 논문들을 참고할 수 있다.
李濤, 「試論尖團音的合」, 『中國語文』 1995年 7期
孟遂良, 「論尖音和團音」, 『語文知識』 1957年 3期
李濤, 「尖音系統不應該恢復一駁」, 『中國語文』 1957年 6期
중국에서는 규범화 문제에 관하여 토론이 성했던 50년대 후반에 많은 조사 연구가 있었으나, 그 때 尖團音의 문제에 관한 위와 같은 논문 외에도 많은 논문이

藤堂明保는「ki-, tsi-の混同は18世紀に始まる」[12])를 비롯한 몇 편의 논문을 통하여 尖團不分에 관한 자신의 의견을 발표하였으나, 이들 논문 사이에도 몇 가지 서로 모순되는 점이 보여 여기에서는 위의 논문에서 내린 결론을 중심으로 살펴보기로 한다.[13] 위의 논문에서는 첫째, [ki, hi]類가 顎化하여 [tɕ, ɕ]類로 변하기 시작한 것은 대체로 乾隆 시대, 즉 18세기 경이며, 둘째, 이들 양자가 現代北京語와 같이 전면적으로 혼동된 시기는 대체로 嘉慶, 道光경, 약 19세기 초반이라고 말하고 있다. 이와는 달리 王力은 『漢語史稿』에서 다음과 같이 서술하고 있다.[14]

　　"普通話裏舌根音的舌面化, 可能比舌尖音的舌面化早些, 也可能是同時。在十八世紀以前, 不但齊撮呼的見溪群曉匣已經變了tɕ, tɕh, ɕ, 連精淸從心邪也變為tɕ, tɕh, ɕ了。"

그리고 注에서 "淸無名氏圓音正考…可見當時 (1743年, 筆者注) 尖團不分…"이라 하고 있다.[15] 즉 18세기 이전에 이들 양자는 이미 合一

　　쓰여졌다. 그러나 그 때에는 규범화라는 것이 문제의 중심이었고 史的인 면에서 행하여진 연구는 거의 없다. 그 외에도 이 문제에 관하여 단편적으로 언급한 著書 論文들이 있으나 여기에서는 모두 들지 않겠다.
12) 『中國語學』 94號 1960年
13) 이 논문 외에도 「北方音系的演變」(『中國語學』 162號, 1966年)과 「近代北方の北京語の音系」)『中國語學新辭典』Ⅶ 語史, 1969年) 등에서도 尖團音에 관하여 언급을 하고 있으나 後者에서의 기술은 다음과 같다.
　　"…ki-hiの類は, ほぼ清初の17C-19Cの初間に口蓋化して, tsi, s, となり, それお追って 祭tsi→tši, 妻ts'i→tš'i, 西si→šiの口蓋化がおこって, 19C初めには兩者がともに舌面音となって混にしつつあた…"
　　청초 17세기-19세기에 團音이 口蓋化하였다는 것도 모순이고, "같이 舌面音이 되어 혼동되었다"라 한 것도 모순이 되어 여기에서는 위의 논문을 들었다.
14) 『漢語史稿』上冊 修訂本 第十九節, 1958年.

상태에 있었다는 것이다.[16]

　이렇게 두 사람이 서로 다른 결론을 내리게 된 원인은 그들이 취한 자료는 같지만 그것을 해독하는 방법이 서로 달랐기 때문이다.

　近世官話音系를 반영한 韻書 가운데 어떤 것에는 이 顎化현상이 반영되어 있으나 어떤 것에는 전혀 반영이 되어 있지 않다. 그리고 이 顎化현상을 반영한 자료들도 대부분 19세기 후반 이후에 쓰여진 것이기 때문에 이들 자료를 통해서는 顎化현상의 발생 시기에 관한 문제를 정확하게 밝힐 수 없다. 이렇게 대부분의 韻書에서 顎化현상을 잘 반영하지 않거나, 혹은 시기적으로 뒤늦게 반영한 까닭은 韻書의 편찬자들이 守舊관념을 가지고 있었거나 혹은 자신들의 方言의 영향을 받았기 때문인 것으로 보인다. 이러한 顎化현상을 반영한 것으로는 『等韻學』(安徽桐城人 許惠 撰, 光緖4年, 1878年序)과 『韻籍』(河北天津人 華長忠撰 光緖15年, 1889年序) 등을 들 수 있다. 이 중 전자가 北京方言을 기록한 것으로 알려져 있지만, 실제로는 후자가 더 北京方言의 音系에 가깝다.[17]

4.5.2.4 上述한 바와 같은 두 가지 설이 근거로 한 자료는 『圓音正考』에 있는 두 가지 序文이다.[18] 여기에서는 無名氏의 原序와 그로부터 약 90

---

15) 비록 연구한 방법은 다르지만 鄭錦全(1980)은 顎化의 원류에 대하여 北方音系 중 見系와 精系에서 변한 舌面音은 16-7세기에 전면적으로 형성되어 18세기 전 『圓音正考』에서 완전히 顎化현상이 완성된 것으로 보아 王力이 추정한 시기와 거의 일치하고 있다.
16) 여기에서 合一이란 두 개 이상의 서로 다른 음성이 史的인 변천을 거쳐 음성학적으로 동일한 음으로 변한 현상을 말한다.
17) 永島榮一郞,「近世支那語特に北方語系統に於ける音韻史資料に就いて(續)」(『言語研究』9號, 1941年, 等韻學 韻籍 條)
18) 종래에는 『團音正考』라고 지칭되어 왔다.

년 뒤 1830년 경 刊行者인 烏扎拉文通의 序에서 현재의 논의 내용과 관계되는 부분만을 보기로 한다.

(1) 無名氏原序: 自西域肇為字母, 釋神珙因之作等韻, 從而為四聲, 衡而為七音, 韻學於是備矣. 第尖團之辨, 操觚家闕焉弗講, 往往有博雅詡之士, 一失口肆, 而紕繆立形, 視書璋為獐, 呼杕為作杖者, 其直鈞也. 試取三十六字母審之, 隸見溪群曉匣五母者屬團, 隸精清從心邪五母者屬尖, 判若涇渭. ……

(西域에서부터 字母가 시작되어 釋神珙이 이를 가지고 等韻을 만들어, 從으로는 四聲으로 나누고, 衡으로는 七音으로 나누었는데 韻學은 여기에서 모두 갖추어졌다. 다만 尖團의 구별에 있어서는 글을 쓰는 사람들이 얘기를 하지 않았는데 종종 博雅하다고 자찬하는 사람들이 마음대로 입을 놀려 잘못을 저지르기를 璋을 보고 獐으로 쓰기도 하고, 杕를 杖으로 발음하기도 하는 등등이다. 三十六字母를 가지고 살펴보면, 見溪群曉匣 五母의 글자들은 團音에 속하고 精清從心邪 五母의 글자들은 尖音에 속하여, 구분되는 것이 涇水와 渭水처럼 확연하다.)

(2) 烏扎拉文通序: …庚寅春, 三槐堂書坊龔氏宜古. 持圓音正考一冊. 欲付諸梓. 請序於余, 兼請校正其訛, 斯圓音正考一書, 不知集自何人, 蓋深通韻學者之所作也, 前有存之堂一序, 向無刻本, 都係手抄本, 未勉有魯魚亥豕之訛, 而所謂見溪群曉匣五母下字為團音, 精清從心邪五母下字為尖音, 乃韻學中之一隅, 而尖團之理, 一言以蔽之矣, 夫尖團音, 漢文無所用, 故操觚家多置而不講, 雖博雅名儒詞林碩士, 往往一出口而失其音, 惟度曲者尚講之, 惜曲韻諸書, 只別南北陰陽, 亦未專晰尖團, 而尖團之音, 繙譯家絕不可廢, 蓋文中既有尖團二字, 凡遇國名地名人名, 當還音處, 必須詳辨, 存之堂集此一冊, 蓋為繙譯而作, 非為韻學而

作也明矣, 每遇還音疑似之間, 一展卷而即得其眞, 不必檢查韻書, 是大有裨益於初學也, …

(庚寅年 봄에 三槐堂書坊의 龔氏가 옛 것을 좋아하여 圓音正考 一冊을 가지고 출판을 하고자 나에게 序文을 써달라고 하면서 아울러 그 그릇된 것을 바로 잡아달라고 하였다. 圓音正考 一書는 누구에 의해서 모아진 것인지는 알 수 없지만 아마도 韻學에 깊이 통달한 사람이 지은 것일 것이다. 이전에 存之堂의 序가 있었으나, 刻本된 적은 없고 모두 手抄本이라 誤寫에 의한 착오가 어쩔 수 없이 생기게 되었으나, 見溪群曉匣 五母 아래 글자들은 團音으로 하고, 精淸從心邪 五母 아래의 글자들을 尖音이라 한 것은 韻學의 한 모퉁이로 尖團의 원리를 한마디로 요약한 것이다. 대저 尖團音은 漢文에서는 쓰이지 않기 때문에 글을 쓰는 사람들은 대부분 내버려두고 얘기하지 않았다. 비록 博雅名儒, 詞林碩士라 하더라도 종종 말을 할 때 그 음을 틀리게 하는 수가 있다. 오로지 度曲者들이 아직도 그것을 논하나, 애석하게도 曲韻諸書들은 南北陰陽만 구별할 뿐 尖團을 전문적으로 구별하지는 않았다. 그러나 尖團之音은 번역가들은 절대로 없앨 수 없었다. 대저 문장 가운데에 이미 尖團의 두 글자가 있기 때문에 무릇 國名, 地名, 人名을 기록할 경우에는 반드시 원래의 음으로 돌아가서 상세히 구별해야 한다. 存之堂이 이 一冊을 모은 것은 번역을 위해 만든 것이며 韻學을 위해 만든 것이 아님이 분명하다. 그렇지만 원래의 음을 찾는데 있어 의심이 생길 때마다 이 책을 한 번 펴게 되면 곧 그 올바른 것을 얻을 수가 있고, 또 韻書를 찾을 필요가 없으니 初學者에게는 크게 도움이 된다.)

王力은 (1)의 기록은 尖團兩音이 구분되지 않는 상태를 보여주는 것으로 간주하고 있다.[19] 그러나, 당시 尖音과 團音이 전면적으로 不分된 것은 아닌 것 같다. 왜냐하면 18세기 조선시대 대역 자료인 『朴通事新釋

諺解』(1765)의 注音을 보면 顎化 현상이 전면적으로 발생하지 않고, 동일한 상황에 있는 일부 음절에서는 아직 顎化현상이 발생하지 않았음을 볼 수 있기 때문이다. 姜信沆 교수의 연구에 의하면『朴通事新釋諺解』에서는 '己, 紀, 吉, 極, 及, 寄' 등은 아직까지 [k-]聲母를 지니고 있는 반면, '計, 旣, 雞, 幾, 給' 등은 顎化한 상황을 보여주고 있다.20) 이것은『朴通事新釋諺解』가 쓰여진 1765년까지만 해도 北方방언에서 顎化현상이 전면적으로 일어나지 않았음을 말해주고 있다. 따라서 藤堂明保가 앞의 논문에서 말한 바와 같이 尖團兩音은 아직도 구별하고 있는 측이 그것을 구별하지 않는 측에 대하여 불만을 나타내고 있는 것으로 보는 것이 타당한 것 같다. 즉 당시 滿州語에는 尖音([tsi, tshi, si])이 존재하여 漢語로써 滿州語를 번역할 때에 이 尖音을 정확하게 나타낼 수가 없었기 때문에 滿州語에 전통한 사람들의 항의를 불러일으킨 것 같다.21) 물론 音韻의 변화는 일시에 일어나는 것이 아니라 어느 한 시대, 어느 한 지역에서 일어나기 시작하여 서서히 그 언어를 사용하는 모든 사람들에게 전파되어 가는 것이다. 그리하여 原序의 문장은 尖團兩音이 合一, 혹은 合一에 접근한 혼란 상태에 있는 세대가 이미 존재하고 있었고, 이러한 상태가 상당 기간 지속됨과 동시에 尖團兩音을 구별하는 세대도 존재하여 이 세대가 구별을 하지 않는 세대에 불만을 나타내는 것으로 해석하는 것이 타당하리라고 생각된다.

그런데 1830년에 쓰여진 烏札拉文通의 문장에서 이미 "漢語에서는 무용한 것"이기도 하고, "度曲家들이 중시하고 있고" 또는 "번역이 필수

---

19) 王力,『漢語史稿』, 上冊, p.124.
20) 姜信沆,「依據朝鮮資料略記近代北京語語音史」,『歷史語言研究所集刊』51.3, 1980, pp.524-525.
21) 俞敏,「現代北京語和元大都話」,『中國語學』Vol.238, 1986, p.3.

적이다"라는 등과 같은 말로부터 알 수 있듯이 19세기 중엽에는 분명히 尖團兩音이 合一의 상태에 있었던 것으로 생각된다. 그렇다고 해서 19세기 중엽에 와서야 비로소 合一의 상태에 이르렀다는 것은 아니다. 이 두 가지 序 사이에는 약 90년의 간격이 있는데, 그 90년 사이의 상태를 보여주는 어떠한 자료를 참고할 필요가 있을 것이다.

그 사이의 확실한 合一 상태를 보여주는 사료로는 李汝珍의 『李氏音鑑』을 들 수 있다.

4.5.2.5 여기에서는 『李氏音鑑』[22](이하 『音鑑』이라 칭하기로 함)에 보이는 기록을 중심으로 논하기로 한다. 우선 『音鑑』에 기록된 尖團兩音에 관한 기술을 보면 다음과 같다.

(1) …如四卷所載北音不分香廂姜將羌槍六母…(卷首 凡例)
(…四卷에 실린 바와 같이 北音에서는 香廂姜將羌槍의 六母를 구분하지 않는다.)

(2) …如香廂姜將羌槍六母, 以南音辨之, 亦缺一不可, 而北音有數郡, 或香與湘同, 姜與將同, 羌與槍同, 亦以三爲六矣, 此則南北互異. (卷一 問字母音異論)
(…香廂姜將羌槍의 六母는 南音에서는 구별하고 하나라도 빠지면 안 된다. 그러나 北岩의 數郡에서는 香과 湘이 같고, 姜과 將이 같으며, 羌과 槍이 같아 세 가지 음으로서 이전의 여섯 가지 음을 대신하고 있는데, 이것이 南北의 서로 다른 점이다.)

(3) …敢問, 南音分, 而北音不分者有之呼, 對曰, 是亦多矣, 以槍羌將

---

22) 王雲五主編, 商務印書館, 1792, 經部, 小學類.

姜廂香六母論之, 即如妻悠切, 秋也, 親煙切, 千也, 而北音或以秋爲期
悠切, 千爲欽煙切, 是以秋千爲邱牽矣, 又如箭藝切, 祭也, 擠有切, 酒
也, 而北音或以祭爲見藝切, 酒爲幾有切, 是以祭酒爲計九矣, 又西妖切,
瀟也, 星秧切, 湘也, 而北音或以瀟爲希妖切, 湘爲興秧切, 是以瀟湘而
爲鴞香矣, 此槍羌將姜廂香六母, 南音辨之細, 北有數郡, 或合爲三矣,
此則竊就南北而言… (卷四 第二十六問南北方言論)

(감히 묻건대 南音에서는 구분하고 있으나 北音에서는 구분하지 않는
것이 있는가? 대답하여 가로되 역시 많다. 槍羌將姜廂香의 六母를 가지
고 논하자면 妻悠切은 秋이고, 親煙切은 千이다. 그런데 北音에서는 혹
은 秋를 期悠切, 千을 欽煙切이라고도 하니 이런 까닭으로 秋千을 邱牽
이라고 한다. 또 달리 箭藝切은 祭, 擠有切은 酒인데, 北音에서는 혹은
祭를 見藝切, 酒를 幾有切이라고도 한다. 이런 까닭으로 祭酒를 計九라
고 한다. 또, 西妖切은 瀟, 星秧切은 湘인데 北音에서는 혹은 瀟는 希妖
切, 湘을 興秧切이라고도 하여, 瀟湘을 鴞香이라고 한다. 이 槍羌將姜
廂香의 六母가 南音에서는 세분하고 있으나 北의 數郡에서는 혹은 셋으
로 합쳐진 것으로, 이것이 곧 南北을 살펴보아 한 말이다.)

이상의 서술을 종합해 보면, (1)(2)에서는 '香, 姜, 羌'과 '廂, 將, 槍'은
각각 團音과 尖音을 대표하고 있는데, 南音에서는 이들의 독음에 구별
이 있으나 北音에서는 구별하지 않고 있어 몇몇 郡에서는 三類로 되었
다는 것을 말하고 있다.[23] (3)에서는 더욱 구체적인 예를 들어가며 '秋'
는 원래 '妻悠切'이었으나 北音에서는 '期悠切'도 되고, '親煙切'인 '千'
이 北音에서는 '欽煙切'도 되어 '秋千'은 '邱牽'으로 되는 현상 등을 상

---

23) 여기에서 郡이 의미하는 바는 확실하지가 않다. 왜냐하면 淸代의 행정단위는 郡
이 아니기 때문이다.

세히 설명하고 있다. 즉, 하나의 被切字에 대해서 尖團 두 류에 속하는 문자를 反切上字로 하여 두 종류의 反切을 부여하고 있다. (3)의 내용을 도표로 나타내면 다음과 같다.24)

被切字	反切上字	被切字	反切上字	被切字	反切上字	被切字	反切上字
秋 = 邱 (清)　(溪)	妻 = 期 (清)　(溪)	祭 = 計 (精)　(見)	箭 = 計 (精)　(見)	瀟 = 鴞 (心)(喩三)	西 = 希 (心)　(曉)
千 = 牽 (清)　(溪)	親 = 欽 (清)　(溪)	酒 = 九 (精)　(見)	擠 = 幾 (精)　(見)	湘 = 香 (心)　(曉)	星 = 興 (心)　(曉)

또 다른 예를 보기로 하자.

(4)　七柒漆棲　　　　羌伊切　　　音欺
　　 絹楫戢輯　　　　強伊切　　　音奇
　　 積績唧屐激汲擊　 金醫切
　　　　　 ⋮
　　　　　 ⋮
　　(卷四 第二十五問北音入聲論)

여기에서는 동음인 문자를 나란히 하여 그 류의 반절과 음을 나타내 주고 있는데, 이것은 「北音入聲論」에 보이는 예로서 오로지 北音에만 해당한다. 이것에 의하면 北音에서는 尖音과 團音이 구분되지 않는 것이 큰 문제가 되지 않고 있음을 알 수 있다.

이상의 (1)에서부터 (4)까지의 기록 중, 특히 (3)과 (4)에서 反切上字와 被切字에 서로 다른 류에 속하는 문자를 사용하고 있고, 음을 표시할 때

---

24) 被切字란 '='뒤의 글자는 원래는 被切字가 아니라, 문장의 내용에 의해 작성한 것이다.

에도 같은 방법을 쓰고 있다. 즉 齒頭音인 精系의 글자가 反切上字인 경우에 喉牙音인 見系의 글자를 被切字로 쓰기도 하고, 반대로 喉牙音인 見系의 글자가 反切上字인 경우에도 齒頭音인 精系의 글자를 被切字로 쓰고 있다. 그리고 (4)에서는 見系字와 精系字를 혼용해가며 음을 표기하고 있다. 이들 見系字와 精系字가 역사적으로 다른 계통에서 유래하고 있다는 점을 숙지하고 있었음에도 불구하고 音韻學者인 李汝珍이 두 류의 글자들을 혼용해가며 反切로 표시하고 注音을 하고 있는 점은 매우 주목할 만하다.

이상으로부터 당시 北音에서는 尖團兩音이 합일상태에 있었음을 쉽게 알 수 있다. 그러나 이와 같은 상태가 구체적으로는 언제쯤의 상태를 나타내며, 또 여기에서 李汝珍이 말한 北音이 어느 方言을 가리키는가 등의 문제를 명확히 살펴 볼 필요가 있다. 그렇지 않으면 이상의 서술에 확증을 찾을 수 없기 때문이다.

4.5.2.6 『音鑒』의 저자 李汝珍은 字가 松石이며 順天府大興人(지금의 北京)이다. 博學으로 유명하고 音韻學者임과 동시에 소설 『鏡花緣』의 작자로서도 유명하다. 그의 生卒年에 관한 자세한 것은 未詳이나 胡適의 고증에 의하면 대략 1763년부터 1830년까지 살았던 사람이다.[25]

『音鑒』이 쓰여진 시기는 적어도 嘉慶 10年(1805년) 이전인 것으로 알려져 있다. 모두 六卷으로 이루어져 있으며, 그 중 五卷은 理論編, 마지막 一卷은 韻表로 이루어져 있는데 중요한 점은 李氏가 취급한 언어가 어느 지방의 음인가를 밝히는 것이라 생각된다.

李汝珍은 20세 경 江蘇 海州로 이사를 갔고, 이후 順天府에는 돌아오

---

25) 胡適, 「鏡花緣的引論」, (『胡適文存』第二集卷二).

지 않고 생애를 江南 지방에서 보냈다. 그러나 海州에 완전히 정착하여 산 것은 아니고, 40세 경 『音鑑』을 쓸 때까지 전반 20년은 順天府에서, 후반 20년은 李汝珍이 南音이라 칭한 方言지역에서 보냈다. 따라서 李汝珍이 『音鑑』에서 취급한 音系는 『音鑑』의 成書年代 전후의 것이 아니라, 남으로 옮겨가기 전 즉 자신의 언어형성시기에 사용하였던 北音 계통의 音系인 것으로 추측된다. 그런데 北方方言의 중심은 河北方言이며, 그 핵을 이루고 있는 것이 順天府를 중심으로 한 北京方言이다.[26] 그러므로 李汝珍이 『音鑑』에서 北音이라 칭한 것은 18세기 중반부터 후반에 걸친 시기에 사용된 北京方言이라 생각하여도 무방할 것이다.

그러므로 北京方言에 있어서 尖團兩音이 모두 現代北京語와 같이 舌面音으로 변하여 완전한 합일의 상태에 도달한 시기는 늦어도 이 『音鑑』이 쓰여지기 이전, 즉 18세기 후반일 것이다. 이것은 곧 지금으로부터 200년 이전에 北方의 여러 지역에서 현재와 같은 성류체계를 가진 方言이 이미 존재하고 있었음을 의미한다. 따라서 尖團兩音의 혼란이 시작된 시기는 18세기 초 혹은 17세기 후반까지 거슬러 올라가는 것이 가능하다.

4.5.2.7 顎化가 발생한 이후에도 그 영향을 받지 않은 글자들이 있다. 그것은 곧 中古 東三, 鐘, 覃, 陽合 각 韻의 見系字, 精系字와 이들 韻에 相配하는 入聲字이다. 『方言調査字表』[27]에 보이는 東三, 鐘, 覃, 陽合과 그것에 상배하는 입성자의 喉牙, 齒上音字의 顎化된 상황을 도표로 나타내면 다음과 같다.[28]

---

26) 楊自翔, 「李氏音鑑所反影的北京語音體系」, 『語言硏究論叢』第四輯, 南開大學中文系 『語言硏究論叢』編委會編.
27) 商務印書館, 1981年, 北京.

	顎化된 字	顎化되지 않은 字
陽合		匡筐況狂狂逛
藥合	攫	
鍾	胸凶兇	恭供拱輦恐蹤縱從松慫誦頌訟
燭	鋦曲局續 玉獄	足促粟俗
東三	穹窮	弓躬宮嵩
屋三	菊麴畜蓄	肅凤宿
諄	詢荀旬循迅浚峻殉均窘菌	尊皴笱俊峻
術	戌恤桔	卒

위의 도표에서 나타난 상황을 종합해 보면 顎化가 되지 않은 필요충분 조건을 알 수 있다. 顎化가 되지 않은 글자들의 공통점은 모두 介音에 /w/가 포함되어 있다는 점이다. 그리고 이들 글자들의 聲母와 韻母의 결합 상황을 분석해보면 다음과 같이 정리될 수 있다.

$$合口 + \begin{cases} 喉牙齒上音 + 後主要元音 \\ 齒上音 + \begin{cases} 中央主要元音 + 鼻音韻尾 \\ 中央, 後主要元音 + 塞音韻尾 \end{cases} \end{cases}$$

이들 운에서는 顎化가 발생하기 전에 介音 /y/를 잃었던 것이 분명하다. 그렇지 않다면 이들이 顎化하지 않은 원인을 설명할 길이 없다. 그러나 이들 음절에서 介音 /y/가 탈락한 원인은 자세히 알 수 없다. 다만

---

28) '俊, 峻'의 北京 口音은 [tsun]이다. 그리고 '卒'字는 『廣韻』에 一等 沒韻에도 분류되어 있다. 그러나 諄術韻에는 顎化되지 않는 경향이 있기 때문에 현대의 卒 [tsu]音이 一等에서 유래한 것인지 아니면 三等에서 유래한 것인지 알 수가 없다. 따라서 잠시 여기에 분류한다.

許寶華, 潘悟云의 결론에 의하면 하나의 음절을 구성하고 있는 音素의 수가 많을수록 개음 /y/가 쉽게 탈락하는 경향이 있다고 한다.29)

4.5.2.8 顎化한 이후의 音韻論的 해석

見系와 精系가 顎化한 후 이전에는 존재하지 않았던 새로운 음들이 생겼다. 그것은 곧 [tɕ, tɕh, ɕ]로서 이들을 音韻論的으로 어떻게 해석해야 할 것인가 하는 문제를 파생시켰다. 우선 이들 음이 舌尖音, 捲舌音, 舌根音과 다른 원음과 결합하는 상황을 보기로 한다.

	[i]	[y]	[u]	[ə]
[tɕ, tɕh, ɕ]	o	o	x	x
[ts, tsh, s]	x	x	o	o
[tʂ, tʂh, ʂ]	x	x	o	o
[k, kh, h]	x	x	o	o

여기에서 'o'는 결합, 'x'는 결합하지 않는 경우를 말한다. 그런데 위에서 보는 바와 같이 [tɕ, tɕh, ɕ]는 舌尖音, 捲舌音, 舌根音 어느 쪽과도 相補의 分布를 이루고 있다. 따라서 [tɕ, tɕh, ɕ]를 音韻論的으로 해석하는 데에는 최소한 네 가지 방법이 가능할 것이다. 즉 첫째, [tɕ, tɕh, ɕ]를 舌尖音의 異音으로 간주하는 법, 둘째, 捲舌音의 異音으로 간주하는 법, 셋째, 舌根音의 異音으로 간주하는 법, 넷째, 다른 음의 異音으로 간주하지 않고 독립된 音韻으로 처리하는 법 등이 있겠다. 그러나 이 중 첫째와 둘째의 방법은 거의 사용되지 않고 나머지 두 가지가 학자들 사이에

---

29) 許寶華, 潘悟云, 「不規則中的潛語音條件」, 『語言研究』 1985.1, pp.25-37.

서 자주 사용되고 있다. 趙元任은 이 중 세 번째 방법을,30) 葉蜚聲을 비롯한 대부분의 中國의 학자들과 미국의 鄭錦全은 네 번째 방법을 주장하고 있다.31) 그러나 그 어느 방법도 완전하다고는 볼 수 없다. 따라서 이 문제를 해결하기 위해서는 새로운 연구 방법이 개발되어야 하겠으나, 여기에서는 이것이 그다지 중요한 문제가 아니기 때문에 趙元任의 방법대로 舌根音의 異音으로 간주하여 다음과 같은 공식으로써 이 顎化현상을 나타내기로 한다.

$$\begin{Bmatrix} c \\ ch \\ s \end{Bmatrix} \rightarrow \begin{Bmatrix} k \\ kh \\ h \end{Bmatrix} / \_\_y \quad (5)$$

즉 見系와 精系에서 顎化한 [tɕ, tɕh, ɕ]는 모두 /k, kh, h/의 異音으로 간주한다는 것이다. 예를 들어 '京, 精'을 이러한 音韻 표기법으로 나타내면 모두 /kyiŋ/이 된다.

---

30) Yuen Ren Chao, *A Grammar of Spoken Chinese*, University of California Press, 1968, pp.18-24
31) 葉蜚聲 等, 『語言學綱要』 北京出版社 1981 p.87과 Chin-Chuan Chung, *A Synchronic Phonology of Mandarin Chinese*, Mouton 1973, pp.37-40 참조. 그 외에 Hartman은 '音聲的 類似性 理論(Phonetic Similarity)'에 입각하여 舌根音은 아예 제쳐 놓고 /c, c', s/를 기본으로 하고 뒤의 介音에 따라 舌尖音, 捲舌音, 혹은 舌面音으로 분류할 수 있다고 보고 있다. 그러나 이 주장의 가장 큰 문제점은 捲舌성분인 /r/을 介音으로 간주하고 있다는 것이다. 그렇다면 앞에서 논의하였던 중국어 음절의 구조가 (C)(M)(M)V(E)로도 될 수가 있으며(예를 들면 賺/crwan/), 하나의 音韻을 처리하기 위해서 輔音까지 介音으로 간주하는 데에는 무리가 따른다고 하였다. Lawton M. Hartman 3D(1944:28-42) 참조.

6. 日母字의 증가

喉牙音(gutturals) 중 零聲母의 통시적 變化과정에서 특이한 상황을 발견할 수 있다. 그것은 바로 零聲母가 日母로 변한 것이다. 예를 들면 『中原音韻』에서 零聲母였던 '容, 榮' 등의 글자가 現代北京語에서는 /r-/로 읽힌다는 사실이다. 王力을 비롯한 많은 학자들은 '容, 榮' 등의 字音은 변천 규율에 맞지 않는다고 여기고 있다.32) '榮'字는 中古 喻母에 속하는 글자로서 語音변천의 일반적 규율에 의하면 /ywiŋ/, 양평성으로 읽혀야 하나, 실제로는 /rwiŋ/, 양평성으로 읽히고 있기 때문이다. 그러나 이들 字音의 변천에도 규율이 있다. 다만 이 규율은 語音의 구조와 語音의 변천상황을 결합하여야지만 나타날 뿐이다. 우선 語音의 구조와 변천 사이의 관계를 살펴보기로 한다.

現代北京語에서 /-an/을 韻尾로 하는 韻母는 /-an, -yan, -wan, -ywan/으로 開, 齊, 合, 撮의 四呼가 모두 존재한다. 그러나 /-aŋ/을 운미로 하는 韻母는 /-aŋ, -yaŋ, -waŋ/의 開, 齊, 合口만 존재하고 /-ywaŋ/과 같은 撮口呼는 존재하지 않는다. 이것이 語音 구조상의 규율이다.

또 『廣韻』唐韻 見系字는 現代北京語에서 開口字는 /-aŋ/, 合口字는 /-waŋ/으로 읽힌다. 그러나 陽韻의 見系開口字는 /-yaŋ/으로 읽혀 介音 /y/가 생긴 반면, 合口字는 여전히 /-waŋ/으로 읽힌다. 이것이 語音 변천상의 규율이다.

여기에서 이 두 가지의 규율은 매우 엄격하며, 이 둘 사이에 상호 제약하는 관계도 쉽게 볼 수 있다. 구조의 측면에서 통시적 변천상황을 살펴

---

32) 王力, 『漢語史稿』, p.132.

보면 現代北京語의 語音系統에는 /-ywaŋ/이 없다. 따라서 中古音이 現代北京語로 변화는 과정에서 어떠한 음도 /-ywaŋ/으로 변할 수가 없었다. 반대로 변천의 측면에서 구조의 규율을 살펴보면 陽韻의 見系開口字는 지금 /-waŋ/이며, 동시에 기타에서 유래한 글자들에도 /-ywaŋ/으로 읽히는 글자가 없다. 따라서 現代北京語에는 /-ywaŋ/이란 운이 없다.

'榮, 容' 등의 글자를 따로 독립시켜 보면 불규칙적인 변화를 한 것이라 쉽게 말할 수 있다. 그러나 '榮, 永, 容, 勇'의 4글자의 음을 상호 대비시켜보면 문제의 실마리를 찾을 수 있다. '容, 榮'은 陽平 /rwiŋ/으로, '永, 勇'은 上聲으로서 /ywiŋ/으로 읽힌다. 여기에서 聲調가 聲母의 변화에 어떠한 작용을 일으켰음을 알 수 있다. 이 문제를 확실히 해결하기 위해서는 /rwiŋ/, /ywiŋ/의 음과 聲調와의 관계를 살펴보아야 할 것이다. 다음의 두 도표가 그 관계와 내력을 나타낸 것이다. <표1>에서는 현대의 음에 의거하여 배열한 것이고, <표2>는 中古音에 의거하여 배열한 것이다. <표2>의 좌측은 中古聲母와 韻母이며 위는 中古 平上去 3성이다. 그리고 『廣韻』의 韻母를 사용하였으며 平聲으로써 上去聲을 대표하였다. 그리고 反切은 『廣韻』을 근거로 하였으며 '擁'字만은 『集韻』에 의거 平聲에 분류하였다. 각 조의 同音字에는 現代北京語를 부기하였다. 古音은 같으나 今音이 다를 경우에는 今音에 의해 분류하였다.)

〈표1〉 北京音 /ywiŋ/, /rwiŋ/과 字調와의 關係

	陰平	陽平	上聲	去聲
/ywiŋ/	傭庸雍擁邕慵		永詠泳詠踴湧勇甬	用佣
/rwiŋ/		容榮融戎絨茸蓉鎔溶	冗氄佣軵	

〈표 2〉 北京音 /ywiŋ/, /rwiŋ/

		古平聲	古上聲	古去聲
東	日 喻(云) 喻(以)	戎絨/如融切/rwiŋ 雄熊/羽弓切/hywiŋ 融/以戎切/rwiŋ		
鐘	日	茸/而容切/rwiŋ 顒/魚容切/ywiŋ 邕雍擁/於容切/ywiŋ 容蓉鎔溶/餘封切/rwiŋ 傭庸/餘封切/ywiŋ	冗氄/而隴切/rwiŋ 踊湧勇甬/余隴切/ywiŋ	用/余頌切/ywiŋ
庚三合	喻(云)	榮/永兵切/rwiŋ	永/于憬切/ywiŋ	詠泳/為命切/ywiŋ
清開 清合	喻(以)	盈贏/以成切/yiŋ 營塋/余傾切/yiŋ	郢/以整切/yiŋ 穎頴/餘頃切/yiŋ	

　<표1>이 보여주는 바와 같이 現代北京語의 /ywiŋ/에는 陽平이 없으며, ('永久, 勇敢' 등 연독변조에 의해 陽平으로 변한 것은 제외) /rwiŋ/에는 陰平과 去聲이 없다.

　中古 東鐘 2韻의 日母字 平聲은 現代北京語에서는 陽平으로, 中古 上聲은 上聲으로 읽히며 去聲에는 글자가 없다. 현재 /rwiŋ/으로 읽히는 글자에는 陰聲과 去聲은 없고 陽平만 존재한다.

　鐘韻의 影母字는 현재 陰平으로, 喻以母의 中古 上聲字와 去聲字는 지금도 上聲과 去聲으로 읽히고 있다. 그리고 庚三合韻 喻雲母 上聲字는 그대로 上聲으로, 去聲 '詠, 泳' 두 글자는 현재 上聲으로 읽히고 있는데 아마도 '永'의 영향을 받은 類化現象 때문이 아닌가 추측된다. 따라서 現代北京語의 /ywiŋ/에는 陰平, 上聲, 去聲 모두 존재하지만 陽平은 존재하지 않는다. 그러면 /ywiŋ/의 陽平으로 읽혀야 하는 음들이 어떻게 변하였는가가 문제된다. 우선 <표2>의 中古 陽平字를 보기로 한다.

1. 東鐘 2韻의 日母字가 /rwiŋ/으로 읽히는 것은 일반적인 예와 부합한다.
2. 東鐘喻(以)母字, 鐘韻 疑母字, 庚(三合)韻喻(云)母字가 모두 /rwiŋ/으로 읽히고 있으며, /ywiŋ/으로 읽히지 않고 있다.
3. 鐘韻喻(以)母의 5字는 中古에서는 동음이었으나 현재는 다른 음으로 변하였다.
'容, 蓉, 鎔'은 지금 陽平으로 /rwiŋ/으로 읽히며 '庸, 傭'은 현재 影母字와 마찬가지로 /ywiŋ/으로 읽히고 있다.
4. 鐘韻 影母字는 현재 /ywiŋ/ 陰平으로 읽히는데 이것은 일반적인 예와 부합한다.
5. 東韻 喻(云)母字는 지금 /hywiŋ/으로 읽히고 있다. (『集韻』에서는 '雄, 熊'은 모두 胡弓切)
6. 淸韻 喻(以)母字 合口는 開口와 같이 읽힌다. (平聲 '營, 塋'은 '盈, 贏'과 같게, 上聲 '潁, 穎'은 '郢'으로)

여기에서 특히 주의해야 할 점은 '雄, 熊'의 聲母는 /h/, '庸, 傭'의 聲調는 陰平, '營, 塋'의 韻母는 /-yin/으로 읽히며, /ywiŋ/ 陽平으로 읽히는 글자가 없다는 것이다.

이 점을 확인하기 위해 일반 字典에서 /ywiŋ/ 陽平으로 읽히는 글자들을 조사해 보아야 할 것이다. 『現代漢語詞典』에는 /ywiŋ/ 陽平의 독음에 '喁, 顒'의 두 글자가 실려 있다. 그러나 『古今漢字對照手冊』에 의하면 '顒'字에는 두 가지 독음이 있는데 /rwiŋ/ 陽平과 /ywiŋ/ 陽平으로 되어 있다. /ywiŋ/ 陽平으로 읽히는 경우는 마치 '窕'의 반절이 '徒了切'인 것을 기계적으로 합성하면 /thyaw/가 되듯이 '魚容切'을 기계적으로 합성하여 읽은 음이 아닌가 추측하게 한다. 왜냐하면 이 글자는 口

語에서는 거의 쓰이지 않는 글자이기 때문이다.

그러면 『中原音韻』에서의 독음을 살펴보기로 하자. <표3>은 <표1>과 <표2>에 실린 글자들이 『中原音韻』에서는 어떻게 읽혔는가를 나타낸다.

〈표 3〉

一. 東鐘	陽平 陰平 陽平 陽平 上聲 上聲 去聲	戎絨茸 邕雍 容蓉鎔庸傭融榮(顒은 없음) 雄熊 冗(氄은 없음) 勇擁涌踴永俑 用詠	十五. 庚靑	陽平 上聲 陽平 上聲 去聲	盈嬴塋營 郢穎 榮 永 詠33)

<표3>과 現代北京語와의 차이는 쉽게 알 수 있다. 제일 큰 차이는 <표3>에서는 '戎, 絨, 茸'과 '容, 蓉, 鎔, 庸, 傭, 融, 榮'이 두 개의 小韻으로 나뉘어져 있으나, 現代北京語에서는 동음으로 변한 사실이다. '戎, 絨, 茸'은 中古 日母字이고 뒤의 6글자는 中古喩(以)喩(云)疑母인 점에 비추어 제일 합리적인 해석은 現代北京語의 바로 직전에는 '戎, 絨, 茸'은 /rwin/ 陽平으로, 뒤 6글자는 /ywin/ 陽平으로 읽혔으나 現代北京語에서는 /ywin/ 陽平이 /rwin/ 陽平으로 변하였다는 것이다. 이리하여 現代北京語에서는 /ywin/ 陽平인 음절이 없으며 이러한 語音의 구조상의 규율도 語音의 통시적 변화의 규율의 제약을 받은 것이다.

이 변화 과정을 다음과 같은 공식으로 나타낼 수는 있겠으나 이 현상을 이론적으로 설명하기는 매우 어렵다. 그리고 이러한 변화는 『五方元音』에서 이 글자들이 '庸'/ywin/으로 읽히고 있었던 것으로 미루어 시기

---

33) '榮, 永, 詠' 세 글자는 東鐘韻에도 이미 분류되어 있다.

적으로 현대에 매우 가까운 시기에 일어난 것으로 추측된다.

$$y \rightarrow r/\_\_w\dot{i}\eta^{02} \qquad (6)$$

제5장 『中原音韻』 이후 韻母 音韻의 변화

5.1 閉口韻의 변화

閉口韻의 /m/韻尾가 /n/韻尾와 혼동되기 시작한 것은 宋代부터이나[1] 『中原音韻』에서 侵尋, 監咸, 廉纖韻을 따로 독립시키고 있는 것과 八思巴字에서 閉口韻의 존재를 반영하고 있는 것으로 보아[2] 元代에도 閉口韻이 여전히 존재하고 있었다는 것을 알 수 있다. 그러나 『中原音韻』에서는 '品, 範, 泛' 등 중고 唇音 성모자의 閉口韻을 모두 抵顎韻에 분류하고 있는데 이것은 성모가 唇音이고 閉口韻인 음절에서는 /m/韻尾가 /n/으로 변하였음을 말해준다. 이러한 음절은 主要元音의 앞과 뒤가 모두 唇音으로 같은 성질의 음이 중복되어 발음을 할 때에 다소 불편하다. 따라서 이러한 음절이 抵顎韻으로 변한 현상은 발음상의 불편함을 해소하기 위해 일어난 異化作用으로서 다음과 같은 규율로써 설명할 수 있다.

---

1) 蘇軾詩의 用韻에서 이미 혼돈되고 있는 현상은 小川環樹,「蘇東坡古詩用韻考」,『中國語學硏究』, 創文社, pp.116-151 등 참조.
2) 鄭再發,『蒙古字韻跟八思巴字有關的韻書』, 國立台灣大學文史叢刊 15 참조.

$$脣音 + V + m \rightarrow 脣音 + V + n$$

또한 元代 戱曲에서도 /-m/운과 /-n/운이 실제로 서로 통압하고 있는 것을 볼 수 있다. 王實甫의 '西廂記'를 예로 들어 보기로 하자.

第三本第二折 [快活三] *犯殘煩慣慣
　　　　　　　[西鞭精] *犯綻安難斷竿看
　　　　　　　[脫布衫] 攔殘*范
　　　　　　　[上小樓] 慳慢案顔盼慢*犯
　　　　　　　[滿庭芳] 奸滿殘看關懶寒*泛趲難
第三本第四折 [東原樂] 枕衾心賃甚恁*親蔭

이상의 예를 보면 /-m/운과 /-n/운이 임의로 통압하고 있는 것 같지만 자세히 분석해 보면 처음 第二折의 예에서 '犯, 范, 泛'은 王實甫 당시에 이미 /-an/으로 읽혔음을 알 수 있다. 第四折의 예에서는 /-m/운은 여전히 존재하고 있으며, /-n/인 '親'字와 압운을 하고 있는 것으로 보아 /-m/과 /-n/의 구별이 그다지 뚜렷하지 않았음을 알 수 있다. 王實甫가 在世하였던 시기는 1234년 전후이고, 八思巴字는 1269년에 시행되었으며, 周德淸의 『中原音韻』은 1324년의 것이다. 특이한 것은 앞에서도 말했듯이 『中原音韻』에서 脣音 성모의 閉口韻을 모두 抵顎韻의 운에 분류하고 있다는 점이다. 즉 寒山韻 陽平에 '凡, 帆'을, 去聲에 '犯, 泛, 范, 範'을, 先天韻 上聲에서는 '貶'을 수록하고 있다. 이들 글자들은 원래 閉口韻 /-m/이었으나 『中原音韻』 시대에 이르러서 /-n/운으로 변하였음을 알 수 있다.

脣音 성모 이외의 음절 중에서도 『中原音韻』의 「正語作詞起例」에서

이미 "針有眞, 金有斤, 南有難, 貪有毯, 兼有堅"이라 하여 당시에 이미 운모 /-m/과 /-n/이 혼돈되고 있는 현상이 있음을 암시해 주고 있다. 이로 보아 閉口韻이 소실된 유래는 오래된 것임을 알 수 있다.

대체로 16세기에 이르러 /-m/운은 북음 계통에서 마침내 소실되고 /-n/운에 합류하였다. 이것은 脣音 閉口韻字가 抵顎韻으로 변한 후 다른 성모의 閉口韻字도 類化作用으로 인해 변한 것으로 해석된다.

北音에서 /-m/운이 /n/으로 변한 현상을 제일 먼저 기록하고 있는 韻書로서는 과거에는 畢拱宸의 『韻略匯通』인 것으로 알려져 왔다. 그러나 王力은 "北京話에서 /-m/운이 전부 소실한 것은 16세기보다 늦을 수 없다. 왜냐하면 17세기 초엽(1626년) 『西儒耳目資』에는 이미 /-m/尾인 음절이 없기 때문이다"[3]라 하며 16세기에 완전히 소실된 것으로 보고 있다. 사실 『韻略易通』에서는 『中原音韻』과 마찬가지로 여전히 侵尋, 緘咸, 廉纖 3부를 없애지 않았으나, 1586년에 쓰여진 李登의 『書文音義便考私編』에서 /-m/운은 이미 보이지 않는다.[4] 이보다 조금 늦은 徐孝의 『等韻圖經』에서는 中古 咸攝의 '談, 三' 등이 '閑, 干' 등과 함께 山攝에 분류된 것을 볼 수 있고 『韻略匯通』에서도 동일한 현상을 발견할 수 있다. 작자 畢拱宸은 서문에서 특별히 前人들이 眞文과 侵尋, 先全과 廉纖, 山寒과 緘咸을 분리한 것은 잘못된 것이라 비평하고[5] 侵尋

---

3) 王力, 『漢語史稿』, p.135.
4) 趙蔭棠, 『等韻源流』 1957, p.213과 鄭再發, 「漢語音韻史的分期問題」, BIHP 36, 1966. pp.635-648 참조.
5) "…然眞文之于侵尋, 先全之于廉纖, 山寒之于緘咸, 有何判別而更分立一韻呼. 今悉依集成例合為一, 用省撿覓之煩."(그러나 眞文에 대한 侵尋, 先全에 대한 廉纖, 山寒에 대한 緘咸은 무슨 구별이 있기에 하나의 韻으로 分立시켜 놓았는가? 지금 모두 集成한 例에 따라 하나로 합쳐 하나하나 찾는 번거로움을 줄이고자 한다.)

을 眞尋에, 緘咸을 山寒에, 廉纖을 先全에 합류시켰다. 十三轍에도 이전의 /-m/ 韻尾를 지닌 음절을 포함하는 轍은 없고, /-n/을 韻尾로 하는 음절을 포함하는 言前轍과 人辰轍만 있는 사실도 /-m/운미는 모두 /-n/운미로 바뀌었음을 반영하고 있는 것이다. 16세기 초 조선시대에 崔世珍의 『翻譯老乞大』에서는 원래 閉口韻이었던 음절 중 '怎麼'와 '甚麼'의 '怎'字와 '甚'字를 /-m/으로 표기한 외에 모두 /-n/으로 나타내고 있다. '怎麼'와 '甚麼'에서 이렇게 표기한 것은 뒤의 음절 '麼'의 성모가 /m/인 까닭으로 발생되는 同化現象을 그대로 나타낸 것으로 이들 글자들도 사실은 이미 韻尾가 /-n/으로 변하였다. 따라서 閉口韻이 抵顎韻으로 변한 것은 16세기 초엽 이전임을 알 수 있다. 이로써 閉口韻은 완전히 抵顎韻에 합류하여 이후의 韻書에서는 閉口韻의 존재를 찾을 수 없으며 이후에는 모두 抵顎韻과 같은 변화를 한다. 이러한 音變 현상을 다음과 같은 공식으로써 나타낼 수 있다.

$$m \rightarrow n/V\_\_\_\_ \qquad (7)$$

참고로 /-m/ 韻尾를 가진 음절 두 글자를 예로 들어 『中原音韻』 이후 主要 자료에서 그 韻尾가 변화한 과정을 표를 통해 나타내 보기로 한다.

/-m/ 尾 消失 과정

例	中原音韻	韻略易通	等韻圖經	耳目資	五方元音	現代北京語
甘	kam	kam	kan	kan	kan	kan
凡	fan	fan	fan	fan	fan	fan

5.2 抵顎韻의 변화

5.2.1 寒山, 桓歡, 先天韻

『中原音韻』의 寒山, 桓歡, 先天 3韻은 等韻 시대의 山攝에서 유래하였다. 이 山攝은 원래 4等을 모두 구비한 外轉攝으로서 각 운의 운모 형태는 다음과 같다.

一等	on/won
二等	an/wan
三等	yan/ywan
四等	yen/ywen

먼저 四等시대의 山攝에서 어떠한 音變 과정을 거쳐『中原音韻』의 寒山, 桓歡, 先天 세 개의 운으로 나뉘어졌는가에 대하여 살펴보기로 하자.

첫째, 輕脣音字는 細音에서 洪音으로 변하였다. 즉 介音 /y/가 탈락하였다.

$$y \rightarrow 0/f\_\_\_n \qquad (8)$$

이것은 山攝 三等合口 脣音字에도 당연히 영향을 끼쳤다. 따라서 '煩, 反, 飯, 晩' 등의 운모가 二等合口의 운모와 같게 되었다. 그 후에 三四 等 合韻時에는 자연히 영향을 받지 않았다. 그리하여 이들은『中原音韻』에서 先天韻으로 변하지 않고 寒山韻으로 변하였다.

둘째, 三等韻과 四等韻이 합류하여, 三等의 主要元音 /a/도 介音 /y/의 영향을 받아 同化하여 /e/로 앞으로 이동하였다.

$$a \rightarrow e/y(w)\_\_\_ \qquad (9)$$

이 音變은 발생의 시기가 (8)보다 늦기 때문에 '煩, 反, 飯' 등의 三等字는 영향을 받지 않았다. 그러나 '仙:先, 繭:蹇, 彥:硯' 등이 이 音變으로 인하여 동음으로 변하였다. 그리하여 先天韻의 三四等字는 완전히 합류되었다.

셋째, 원래 介音이 없었던 二等 喉牙音字에 介音 /y/가 자생하면서 喉牙音 二等 開口字가 洪音에서 細音으로 변하였다.6)

$$o \rightarrow y/G\_\_\_\_a \qquad (10)$$
(G는 喉牙音)

이 音變이 山攝에 파급한 효과는 '姦, 簡, 雁, 閑, 眼' 등이 모두 細音으로 변한 것이다. 그러나 이들의 主要元音은 아직도 변하지 않았기 때문에 『中原音韻』에서는 寒山韻에 분류되었다.

넷째, 果宕效 3攝 외에 一等 開口字가 二等으로 변하였다. 즉, 韻尾에 齦前音素([+anterior], 즉 /y, m, p, n, t/)를 지니고 있을 때에 一等 開口字의 主要元音 /o/가 동화하여 /a/로 前移하였다.

$$o \rightarrow a/C\_\_\_\_E \qquad (11)$$
$E \neq ŋ, k, w$

이것도 통칙이다. 山攝에 대하여 말하자면, 원래 桓韻과 통용하던 寒韻字가 이 때에 이르러 비로소 山刪韻字와 서로 押韻하게 된 것이다. 따라서 『中原音韻』에서는 寒山韻에 분류되었다. 이상으로부터 『中原音

---

6) 王力은 이 /y/는 중고 이후 새로 생겨난 것이 아니라, 상고의 介音 /e/가 변한 것이라 하고 있다. 『漢語史稿』上冊, p.124 참조.

韻』의 이들 세 韻은 韻腹은 완전히 달랐기 때문에 나누어 분류하였으며 桓歡은 /won/, 寒山은 /wan, ywan/, 先天은 /yen, ywen/으로 추측할 수 있다. 어떤 사람들은 이들이 分押한 이유가 介音의 차이라고 여기기도 하지만 이것은 잘못 인식한 것이 분명하다.7)

1442년 蘭茂의 『韻略易通』에서도 『中原音韻』과 마찬가지로 端桓, 山寒, 先全 세 개의 운으로 분리하고 있는 것으로 보아 이러한 韻腹의 차이는 여전히 있었던 것으로 보인다. 그러나 이 세 운은 明代 末에 이르러 하나의 轍, 즉 十三轍의 言前轍로 합류된다.8) 1642년 畢拱宸의 『韻略匯通』에서는 桓歡韻이 없어지고 先全韻, 寒山韻으로 兩分하고 있어, 이들 두 운은 아직 대립관계에 있는 것 같지만 『中原音韻』에서 寒山韻과 監咸韻에 따로 분류되었던 '間'/kyan/과 '監'/kyam/이 『韻略匯通』에서는 '堅'/kyen/과 '兼'/kyem/ 등과 같은 동음으로 先全韻에 나타나는 것으로 보아 『韻略匯通』에서는 山寒韻과 先全韻을 主要元音의 차이에서가 아니라 개음의 유무에 의해 분리하였음을 알 수 있다. 즉 先全韻에는 개음 /y/가 있고 山寒韻에는 없다. 따라서 이 音變은 畢拱宸의 『韻略匯通』의 이전에 일어났음이 분명하며 아래의 도표에서 보는 바와 같이 徐孝의 『等韻圖經』에서 이미 완성되었다. 그 音變 공식은 다음과 같이 표시할 수 있다. 이 合韻의 과정은 원래 /-m/운미의 監咸韻, 廉纖韻의 글자도 포함한다.9)

---

7) 羅常培 『北平音系十三轍』序文 참조. 그리고 만약 이들 3부의 차이가 介音에만 그친다면 『中原音韻』에서 이들 3부를 분리할 이유가 하나도 없는 것이다. 왜냐하면 만약 介音의 차이라면 押韻의 원리, 조건에 하나도 영향을 미치지 않기 때문이다.
8) 『五方元音』에서도 이들 3부를 天韻 하나로 합쳤는데, 이것도 압운의 도리에서 볼 때 합리적인 것이다.
9) 『康熙字典』 앞의 韻圖에서는 확실히 나타남. 謝雲飛, 「明顯四聲等韻圖之研

$$\begin{Bmatrix} o \\ e \end{Bmatrix} \rightarrow a/\_\_\_\_n \qquad (12)$$

이 공식은 사실 두 개의 音變 공식, 즉 o → a/__n과 e → a/__n을 하나로 합친 것이다. 달리 설명하자면 이 두 공식이 나타내는 音變이 동시에 발생한 것이 아니라 각각의 音變이 서로 다른 시기에 발생하여 그 결과 /an/으로 같아졌다는 것을 의미한다. 물론 문헌상의 자료를 통하여서는 이 두 音變이 발생한 시기의 전후를 알 수는 없다. 따라서 (12) 공식은 두 개의 공식으로 분리하여 해석을 해야 한다.

寒山韻과 桓歡韻이 합류하는 과정을 『中原音韻』 이후의 主要 자료들을 통하여 보면 다음과 같다.

/won/과 /wan/의 합류

例	中原音韻	韻略易通	等韻圖經	耳目資	五方元音	現代北京語
官	kwon	kwon	kwan	kwon	kwan	kwan
關	kwan	kwan	kwan	kwan	kwan	kwan
桓	hwon	hwon	hwan	hwon	hwan	hwan
歡	hwan	hwan	hwan	hwan	hwan	hwan

5.2.2 眞文韻

『中原音韻』에서 眞文韻의 韻基는 /-in/이었던 것으로 추측된다. 이 운의 글자들은 『中原音韻』 이후 現代北京語에 이르기까지 소수의 글자들을 제외하고는 거의 변하지 않았다. 그 소수의 글자들은 바로 '輪, 倫,

---

究」, 『慶祝高郵高仲華先生六秩誕辰論文集』, pp.1-99 참조.

遵, 筍' 등으로 이들은 『中原音韻』에서는 원래 개음 /y/가 있는 /-ywin/이었으나 現代北京語에서는 /y/介音이 탈락되고 /-win/으로 변하였다. 『等韻圖經』에서는 '遵, 筍' 등 성모가 /c/와 /s/인 음절에서는 이미 介音 /y/가 탈락하여 現代北京語와 독음이 같아졌으나, 성모가 /l/인 음절은 탈락하지 않고 있다. 『五方元音』에서도 이들 음절에서 介音 /y/가 탈락하지 않은 것으로 보아 介音 /y/의 탈락 현상은 매우 늦게 일어난 것으로 보인다. 이러한 音變을 다음과 같은 공식으로 나타낼 수 있을 것 같다.

$$y \rightarrow 0/ \begin{cases} l \\ c \\ s \end{cases} \_\_win \qquad (13)'$$

이 공식은 성모가 /l/, /c/, /s/이고 운모가 /ywin/인 음절에서 개음 /y/가 탈락하였음을 나타낸다. 그러나 성모가 /c/이거나 /s/인 음절이 모두 이 공식이 나타내는 音變의 영향을 받았다면 『中原音韻』에서 /cywin/이었던 '俊, 駿' 등의 음절이 顎化하여 現代北京語에서 [tɕyn]으로 읽힐 수가 없고, /sywin/이었던 '巡, 循' 등의 음절이 顎化하여 [ɕyn]으로 읽힐 수가 없었을 것이기 때문이다. 따라서 이러한 성모가 /c/ 혹은 /s/인 음절에서 介音 /y/가 탈락한 현상은 극히 소수의 음절에서만 발생되었기 때문에 이 공식에서 제외하고, 반면 성모가 /l/인 음절은 모두 이 音變의 영향을 받았기 때문에 위의 공식을 다음과 같이 수정해야 할 것 같다.

$$y \rightarrow 0/l\_\_win \qquad (13)$$

이러한 예도 이미 언급한 바와 같이 어음의 변화는 종종 어떤 시점에서 특정 형태의 음절에만 영향을 끼쳤다가 점진적으로 다른 형태의 음절에도 영향을 미쳐 천천히 변한다는 가설에 대한 좋은 예이다.

이 운의 /-in/은 現代北京語의 wen, -un, -en, -in, ün(漢語拼音字母) 등을 포함한다. 이들은 모두 상보적 분포를 이루어 /-in/의 異音(variants)으로 보아 하나의 音韻으로 간주할 수 있다. 현재 '恩, 因, 溫, 暈' 등의 글자가 서로 압운할 수 있는 이유도 바로 여기에 있다.[10]

5.3 穿鼻音의 변화

5.3.1 東鐘과 庚靑韻

東鐘韻과 庚靑韻은 『中原音韻』에서는 韻基가 각각 /-iŋ/과 /-eŋ/로 대립되었으나, 이들 두 운 사이의 혼합 현상은 『中原音韻』시대에도 이미 존재하였다. 『中原音韻』에서는 '永, 嶸, 榮, 兄, 觥, 崩, 迸, 詠, 橫, 盲, 轟, 傾, 弘, 繃, 艋, 蜢, 萌, 棚, 鵬, 馮, 孟, 甍, 肱, 甍, 泓, 宏, 瑩, 烹' 등 28개의 글자가 東鐘韻과 庚靑韻에 동시에 보이고 있는데, 이는 『廣韻』에서 東冬鐘 3韻과 庚耕淸靑蒸登 6韻에 중복하여 보이는 글자가 '薈, 懵, 檬, 馮' 등의 몇글자에 지나지 않는 것에 비해 월등히 글자 수가 많아진 것이다. 中原音만을 수록한 『中原音韻』에 南北 古今의 음을 포괄한 『廣韻』보다 많이 수록되었다는 것은 그 동안 이들 두 운 사이에 音價上 어느 정도 접근하였다는 증거가 될 수 있다.

明代 王驥德이 그의 『曲律』에서 周德淸의 『中原音韻』을 비평한 가운

---

10) 王力, 「現代漢語語音分析中的幾個問題」, 『中國語文』 1979.4, pp.281-286.

데 다음과 같은 말이 보인다.

"蓋周之爲韻, 其功不在於合, 而在於分…而其合之不經者, 平聲如 胘, 轟, 兄, 崩, 烹, 盲, 弘, 鵬, 舊屬庚靑蒸三韻, 而今兩收.…且今之歌 者, 爲德淸所誤, 抑復不淺, 如橫之爲紅, 鵬之爲蓬, 止可於韻腳偶押 在東鐘韻中者, 作如是歌可耳, 若在句中, 卻當仍作庚靑韻之本音. 今 歌者槪作紅蓬之音, 而遇有作庚靑本音歌者. 笑以爲不識中州之音矣, 敝至此哉."(論韻第七)
(무릇 周德淸이 운을 처리하는 데에 있어서 그 공은 합친 데에 있는 것이 아니라 나눈 데에 있다. … 그러나 합친 가운데 합리적이 못한 점은 평성의 '胘, 轟, 兄, 崩, 烹, 盲, 弘, 鵬'같은 글자는 옛날 庚靑蒸三韻에 속하였으나, 『中原音韻』에서는 두 군데에 수록하고 있는 점이다. … 또한 지금 노래하는 사람들이 周德淸 때문에 틀리게 부르며 또 더 심한 점은 橫을 紅으로, 鵬을 蓬으로 하여 압운을 하였는데 이것은 다만 운각에 있어서는 東鐘韻에 있는 것들과 짝지어 압운을 할 수 있어 이와 같이 지어 노래하면 가능할 따름이나, 만약 句中에 있어서는 오히려 마땅히 庚 靑韻의 본래의 음으로 해야 한다. 지금 노래하는 사람 가운데 대개 '紅 蓬'의 음을 종종 庚靑의 본래의 음으로 노래하는 자가 있는데, 우습게도 이것은 中州의 音을 모르고 한 것으로 여겨지니 그 폐단이 여기에 이르 렀다.)

반면, 같은 시대의 沉寵綏는 『度曲須知』에서 이와는 반대되는 의견을 보이고 있다.

"凡南北詞韻腳, 當共押周韻, 若句中字面, 則南曲以正韻爲宗, 而 朋橫等字, 當以庚靑音唱之. 北曲以周韻爲宗, 而朋橫等字, 不妨以東 鐘音唱之. 但周韻爲北詞而設, 世所共曉, 亦所共式. 伯良謂兄本蒸靑 字眼, 收之東鐘者爲不經. 兄之不可作熏唱, 豈惟北曲, 旣南詞亦有然 者. 況洪武東庚兩韻, 原並收兄字, 又安得獨詆周氏之非也乎？是則前

人立論偶偏, 不得不一置喙云爾."(宗韻商疑)

(무릇 南北詞의 韻脚은 마땅히 周德淸의 운과 같이 해야 하며, 句中에 있는 글자들이라면 南曲에서는 正韻(洪武正韻)을 宗으로 삼는다. 그러나 '朋橫' 등의 글자는 마땅히 庚靑운의 음으로 노래해야 한다. 北曲은 周韻(中原音韻)을 宗으로 삼아 '朋橫' 등의 글자를 東鐘운의 음으로 노래하여도 무방하다. 그러나 周韻이 北詞를 위해 만들어졌음은 세상이 다 아는 것이고 역시 하나의 모범으로 삼는 바이다. 伯良은 '兄'字는 본래 蒸靑운의 글자로 東鐘에다 분류한 것은 합리적이지 못하다고 여기고 있다. '兄'을 熏唱할 수 없는 것은 어찌 北曲 뿐이겠는가, 南詞에서도 역시 그러한 것이 있다. 하물며 洪武正韻의 東庚 두 운에서도 원래 '兄'을 다 싣고 있는데 어찌 홀로 周德淸의 잘못이라고 나무랄 수 있겠는가? 이것은 곧 전인들의 立論이 편파적이기 때문으로 어쩔 수 없이 끼어들어 한 마디 한 것뿐이다.)

그러면 이상의 두 가지 완전히 상반되는 의견 중 어느 쪽이 옳은가? 金周生은 이 문제를 풀기 위해 元曲에서 실제 사용된 押韻 자료를 이용하여 연구한 결과 東鐘韻과 庚靑韻에 동시에 보이는 글자가 생긴 이유는 대부분 方音상의 異讀과 音近 相押 때문으로 王驥德이『中原音韻』의 分韻에 대해 合之不經이라 한 것은 정확하지 못한 비평이라고 결론 짓고 있다.[11]

이 音變은 다음과 같은 공식으로써 표시할 수 있다.

$$e \rightarrow i/\_\_\_\_\eta \qquad (14)$$

즉『中原音韻』庚靑韻(/-eŋ/)의 中元音(mid vowel) /e/가 高化하면

---

11) 金周生,「元曲暨中原音韻東鐘庚靑二韻互見字硏究」,『輔仁學誌』, 1982.6, pp.539-574.

서 東鐘韻과 합류한 것을 의미한다.

이 音變의 결과는 대부분의 자료에 반영되어 있다. 사실, 이 변화는 徐孝의 『等韻圖經』 이전에 완성되었다고 볼 수 있다. 왜냐하면 『等韻圖經』에서는 이 두 운을 東洪을 합구로 하고 庚晴을 개구로 하여 通攝에 같이 분류하고 있기 때문이다. 『等韻圖經』이후의 자료인 畢拱宸의 『韻略匯通』에서는 여전히 東洪과 庚晴으로 분리하고 있는데, 이 두 韻도 자세히 관찰하면 抵齶韻에서와 마찬가지로 主要元音의 차이에 의해서가 아니라 개음 /w/의 존재여부에 의한 것임을 알 수 있다. 즉 東洪韻에는 개음 /w/가 존재하고 庚晴韻에는 존재하지 않는다. 또 十三轍에서도 이 두 운이 中東轍로 합류하여 이 변화를 반영하고 있다. 중국의 자료를 통하여서는 이러한 元音의 변화는 대략 16세기에 이미 완성되었다고 할 수 있다.

우리나라 朝鮮시대 對音 자료를 보면 이 변화는 훨씬 이전에 일어났음을 알 수 있다. 『中原音韻』의 庚靑韻에 속하였던 '爭, 箏, 猙, 諍, 生, 笙, 甥, 省, 撑, 琤' 등의 글자를 15세기 중반 자료인 『洪武正韻譯訓』(1455)에서는 庚韻에 분류하고, 이들의 俗音 운모를 'ᅙᅳᆼ'로 표기하고 있다. 姜信沆교수는 이 운모를 [-iŋ]으로 轉寫하여 中元音(mid vowel) /e/가 이미 高化하였음을 지적하고 있다.[12] 이로써 중국북방에서는 15세기 이전에 이미 이 변화가 완성되었음을 알 수 있다. 『中原音韻』이후 이들이 합류하는 과정을 主要 자료들을 통하여 보면 다음과 같다.

---

12) 姜信沆, 「依據朝鮮資料略記近代漢語語音史」, 『歷史語言研究所集刊』 51.3, 1980, p.523

**東鐘韻의 合流

例	廣韻	中原音韻	洪武正韻譯訓	等韻圖經	現代北京語
瓊	清	khyweŋ	khywiŋ	khywiŋ	khywiŋ
窮	東	khywiŋ	khywiŋ	khywiŋ	khywiŋ
兄	庚	hyweŋ	hywiŋ	hywiŋ	hywiŋ
胸	鐘	hywiŋ	hywiŋ	hywiŋ	hywiŋ
永	梗	yweŋ	ywiŋ	ywiŋ	ywiŋ
勇	腫	ywiŋ	ywiŋ	ywiŋ	ywiŋ

또 다른 音變은 /s/, /c/와 /l/성모와 결합한 /ywiŋ/ 운모에서 /y/가 탈락한 현상이다. 『中原音韻』에서는 /s/와 /l/ 성모 뒤의 운모 /wiŋ/와 /ywiŋ/은 서로 대립 관계에 있었다. 예를 들면 籠/lwiŋ/:龍/lywiŋ/, 宗 /cwiŋ/:縱/cywiŋ/, 宋/swiŋ/:訟/sywiŋ/ 등은 『中原音韻』에서는 서로 대립되고 있었다. 이러한 대립은 現代北京語에서는 소실되었는데, 徐孝의 『等韻圖經』에서는 眞文韻에서와 같이 /c/와 /s/ 성모에서는 이러한 대립이 소실된 반면, /l/ 성모에서는 여전히 대립되고 있다. 이러한 音變을 공식으로 나타내는데 있어서 眞文韻에서와 같이 성모가 /c/와 /s/인 음절이 이 영향을 받아 개음 /y/가 탈락하여 顎化하지 말았어야 할 것이기 때문에 이러한 음절들은 제외하고 다음과 같이 나타낼 수 있다.

$$y \rightarrow 0/l\_\_wɨŋ \qquad (15)$$

이 공식은 공식 13과 매우 유사하다. 따라서 이 두 공식을 다음과 같이 하나의 공식으로 고쳐도 무방할 것 같다.

$$y \rightarrow 0 \ /\_\_\_wɨ \begin{cases} n \\ ŋ \end{cases} \qquad (16)$$

이들 두 운이 합류한 후의 /-iŋ/은 現代北京語의 weng, -ung, -eng, -yong, -ing(漢語拼音字母) 등을 포함한다. 이들도 眞文韻에서와 같이 상보적 분포에 있어 /-iŋ/의 異音이다. 現代北京語에서 '亨/hiŋ/, 英 /yiŋ/, 翁/wiŋ/, 弘/hwiŋ/, 雍/ywiŋ/' 등이 서로 압운을 할 수 있는데 그 이유는 이와 같이 主要元音과 韻尾가 같기 때문이다.13)

5.3.2 江陽韻

『中原音韻』의 江陽韻은 韻基가 /-aŋ/으로 現代北京語에 이르기까지 어떠한 변화도 발생하지 않았다.

5.4 收噫韻-- 齊微, 皆來韻의 변화

收噫韵이란 /-y/를 韻尾로 취하고 있는 것을 말한다. 『中原音韻』의 收噫韻에는 齊微, 皆來韻이 있는데 이들 운의 韻基는 각각 /-iy/, /-ay/인 것으로 推測된다. 이들 두 운을 나누어 살펴보기로 하겠다.

5.4.1 齊微韻

『中原音韻』에서 現代北京語에 이르기까지 6-700년 간 어음의 변화는

---

13) 王力 위의 논문 pp.281-286.

적지 않았다. 그 중 제일 중요한 변화로는 元音체계의 변화를 꼽을 수 있다. 즉 4개의 元音體系에서 高中低의 3개의 元音으로 簡化된 것이다. 簡化한 방식은 低音이 위로 이동하여 高元音 /i/에 합류하거나, 아래로 이동하여 低元音 /a/에 합류한 것이다. 이러한 변화의 절차 중 가장 먼저 일어난 변화가 '齊, 西, 一, 吉' 등과 같은 원래 齊微韻 開口字가 韻尾를 잃은 것이다. 『中原音韻』 이전의 音韻 구조로 말하자면 이들 글자들의 韻母는 분명히 /yiy/이었던 것으로 추측되나[14] 그 후의 변천 과정에서 이들 글자들의 운모가 /y/韻尾를 잃은 것이다.

$$y \rightarrow 0/yɨ\_\_\_\_ \qquad (17)$$

이러한 音變의 결과로 '齊, 西, 皮' 등과 같은 글자는 '灰, 微, 堆'와 같은 글자들과 더 이상 압운을 할 수 없게 되었으며, 따라서 /-iy/를 韻基로 하는 齊微韻에 포함될 수 없게 되었다. 이 변화는 새로운 운부를 형성하지는 못하였으나 대부분의 韻書 편찬자들로 하여금 서로 다른 해석을 하게끔 하였다. 그러나 그들의 서로 다른 해석들도 이론상으로는 나름대로 무리가 없다고 할 수 있다. 이렇게 韻尾를 잃고 난 뒤 이들 글자의 韻基는 /-i0/로 되어 이전에 이것을 韻基로 하였던 支思韻 /Ci0/과 魚模韻 /-wi0/의 글자들과 합류하게 되었다. 이리하여 이들 글자들이 후자의 두 운부에 포함되는 것은 이론적으로 불가피한 것이었다. 즉,

---

[14] /yiy/라는 구조는 매우 복잡한 것으로 보인다. 실은 『中原音韻』 당시에 이것은 음성적 실현(phonetic realization) 상 그 음치는 [i]였을 것으로 추측되나 압운의 원리와 音韻 구조상으로 그렇게 표기한 것이다. 丁邦新도 이러한 추측음이 압운의 각도에서 볼 때 和協하다고 보고 있다. 丁邦新,「與中原音韻相關的幾種方言現象」,『歷史語言研究所集刊』 52.4, 1981, p.637 참조.

開口(/Ciɵ/), 齊齒(/(C)yiɵ/), 合口(/(C)wiɵ/), 撮口(/(C)ywiɵ/) 모두가 주요원음이 같아졌으므로 하나의 운부를 형성해야만 했을 것이다. 그러나 十三轍 또는 같은 시기의 다른 韻書를 보면 合口(/(C)wiɵ/)의 글자들만이 따로 독립하여 姑蘇轍을 형성하고 있는 반면, 다른 세 형태의 글자들, 즉 開口(/Ciɵ/), 齊齒(/(C)yiɵ/), 撮口(/(C)ywiɵ/)의 글자들은 같이 一七轍을 형성하고 있다. 왜 姑蘇轍이 一七轍에서 따로 독립하였는가는 뚜렷하지 않지만 다른 세 형태의 글자들이 서로 압운하게 된 원인은 이로써 설명될 수 있겠다.

明 蘭茂의 『韻略易通』에서는 '齊, 西, 皮' 등의 글자를 여전히 西微韻에 분류하여 이러한 변화가 일어나지 않았음을 보여준다.[15] 그러나 徐孝의 『等韻圖經』에서는 이러한 변화가 뚜렷하게 반영되어 있다. 그는 이들 글자들을 魚類字와 배합하여 止攝開合口三等으로 하고 模類字를 따로 독립시켜 祝攝으로 하고 있다.[16] 즉, '雞, 西, 皮' 등의 글자를 支思韻에 상응하는 齊齒呼로 하여, 다시 말해 下等에 분류하여 支思韻의 글자들과 같이 분류한 반면, 魚模類의 '居, 魚, 女' 등을 撮口呼로 하여 앞의 齊微韻, 支思韻과 같이 止攝으로 분류하고 있다. 결국 주요원음이 /i/인 개구, 제치, 촬구호의 글자를 하나의 攝으로 분류하고, 합구호인 글자를 다른 하나의 攝으로 분류하여 十三轍과 동일하게 된 것이다. 그리고 畢拱宸의 『韻略匯通』에서는 '希, 虛, 衣, 余, 朱' 등을 居魚韻에 분류하고 있다. 만약 이들 글자들의 韻尾 /y/가 아직 소실하지 않았다면 徐氏와

---

15) 『韻略易通』의 '西微韻'은 『中原音韻』의 齊微韻에 해당한다. 즉 『韻略易通』에서도 開口字가 아직 韻尾를 잃지 않았음을 보여주고 있다.
16) 『等韻圖經』에서는 第三, 四 兩圖에서 '資, 支, 雞' 등을 止攝開口로, 珠居 등을 그에 상응하는 合口로 하였다. '孤, 初, 夫' 등을 5圖에 넣어 祝攝 第五獨韻篇이라 하였다. 陸志韋(1947)참조.

畢氏의 이러한 분류는 불가능했을 것이다. 沉乘麟의 『韻學驪珠』에서 『中原音韻』의 齊微韻에 해당하는 機微韻과 灰回韻에서 전자의 아래에서는 直音, 후자의 아래에서는 收噫라고 注를 하고 있는데 이것은 이들 글자들이 分韻된 원인을 더 명확히 설명해 주고 있는 예이다. 그리고 위에서 언급하였듯이 十三轍의 一七轍은 『韻略匯通』의 居魚韻과 支思韻의 글자들을 모두 포함하고 있다. 이러한 설명할 수 없을 듯한 재분류는 위 공식 17로 쉽게 설명될 수 있다.

齊微韻에서 일어난 다른 변화는 성모 /l/과 /n/과 결합한 운모 /wiy/에서 개음 /w/가 탈락한 것이다. '雷, 壘, 內' 등은 『中原音韻』에서는 /wiy/의 운모를 지닌 합구음이었으나, 現代北京語에서는 개구음으로 변하였다. 사실 현대 북경어에는 /lwiy/나 /nwiy/같은 음절은 존재하지 않는다. 따라서 변화 과정에 다음과 같은 音變이 있었음을 알 수 있다.

$$w \rightarrow 0 / \begin{cases} l \\ n \end{cases} \underline{\quad} iy \qquad (18)$$

위의 音變이 일어난 시기는 『等韻圖經』이 쓰여지기 전이다. 『等韻圖經』에서는 이들 글자들을 壘攝 第八開口篇에 분류하여 그 이전에 이미 이러한 음변이 발생하였음을 말해주고 있다. 그러나 이러한 개음 /w/의 탈락현상은 /l/과 /n/ 성모에만 한정되었으며 '推'/twiy/, '最'/cwiy/ 등과 같은 다른 성모의 음절에서는 일어나지 않았다.

5.4.2 皆來韻

皆來韻은 『中原音韻』 시기에는 /-ay, -yay, -way/ 세 개의 운모를

포함하고 있었다. 그 중 /-ay, -way/를 운모로 취하는 음에서는 『中原音韻』 이후 현대에 이르기까지 아무런 변화를 하지 않았다. 그러나 /yay/를 운모로 취하는 음절 중 '皆, 街, 介, 鞋' 등과 같은 일부의 글자에서 변화가 발생하였다. 이들은 대부분 喉牙音의 顎化로 인하여(공식 10) 개음 /y/가 생겨난 것이다. 이들 음절들은 現代北京語에서는 /yə/로 읽히고 있어 '接, 斜' 등과 같은 운모를 취하고 있다. 따라서 변화 과정 중에서 다음과 같은 音變이 발생하였음을 알 수 있다.

$$ay \rightarrow ə/Cy\_\_\_\_ \quad (19)$$
$$(C=/k, kh, h/)$$

이들 글자들이 十三轍에서는 여전히 懷來轍에 분류되고 있는 것으로 보아 이 音變은 十三轍의 형성 이후에 발생한 것이 분명하다. 1804년 『音鑒』에서 '摘, 塞, 宅' 등의 反切下字가 여전히 蟹攝 二等字인 '皆, 崖'이고 이들 세 글자의 현재 독음에는 모두 운모 /-ay/를 포함하고 있다.[17] 따라서 공식 19의 音變은 19세기 초기까지도 완성되지 않았고, 심지어 20세기 초의 자료인 盧戇章의 『北京切音敎科書』에서도 '皆, 崖, 挃' 등의 음절의 운모가 여전히 /-yay/이었으며 특히 京戱에서는 아직도 /yay/로 읽히고 있기 때문에[18] 이 음변이 발생하여 現代北京語와 같아진 것은 지금으로부터 불과 몇 십 년 전의 일임을 알 수 있다.

그런데 똑같이 /yay/를 운모로 취한 음절 중에서도 零聲母인 음절은 공식 19가 대표하는 音變의 영향을 받지 않은 것 같다. 왜냐하면 '涯,

---

17) '摘, 塞, 宅'세 글자는 중고 입성자로서 『音鑒』에서 반영한 음은 백화음이다.
18) 楊自翔, 「李氏音鑒所反映的北京語音體系」, 『語言研究論叢』, p.45와 王力, 「漢語語音史上的條件音變」, 『語言研究』 1983.1, p.4 참조.

挨, 矮' 등과 같은 零聲母인 음절 가운데에는 /yə/로 변한 것은 하나도 없으며, 注音符號가 만들어질 때까지도 여전히 /yay/로 읽혔기 때문이다.19) 이들도 異化作用의 영향으로 후에 변화를 하였는데 특이하게도 두 가지 다른 방향으로 변하였다. 그 하나는 운두 /y/가 탈락한 것이고('挨, 矮' 등), 다른 하나는 韻尾 /y/가 탈락한 것이다('涯' 등). 따라서 우리는 이러한 音變을 다음과 같은 공식으로써 표시할 수 있다.

$$y \to 0/(C)\_\_ay \text{ 혹은 } y \to 0/Cya\_\_ \qquad (20)$$
$$(C:/k, \ kh, \ h/제외)$$

'崖' 등과 같은 일부 글자들은 공식 20의 두 가지의 영향을 모두 받아 /ay/와 /ya/의 두 가지 독음이 있는 것은 매우 기이한 현상이라 하겠다.

5.5 收嗚韻--蕭豪, 尤侯韻의 변화

이들 두 운은 『中原音韻』에서는 그 韻基가 각각 /aw/와 /iw/이었으나 그 이후 現代北京語에 이르기까지 아무런 변화의 흔적이 보이지 않는다.

5.6 直音韻--支思, 魚模, 歌戈, 車遮, 家麻韻의 변화

5.6.1 支思, 魚模韻

5.6.1.1 支思韻이라는 용어는 『中原音韻』에서 처음 보인다. 그러나 『中原音韻』이후 明清韻書에서는 이들 글자들이 스스로의 운부를 이루는

---

19) 張世祿, 「中國語言系統的演變」, 『張世祿語言學論文集』, p.143.

것이 아니고 韻母의 명칭도 자연 불일치할 뿐 아니라 現代北京語에서는 이들 글자의 수가 『中原音韻』에서보다 훨씬 많다. 즉 現代北京語의 支思韻과 『中原音韻』 당시의 支思韻의 내용은 많이 다르다고 할 수 있다. 『中原音韻』의 支思韻字는 '入聲作上聲'한 '澀, 瑟, 塞' 3字를 제외하고 모두 止攝에서 왔다.20)

그러나 『中原音韻』 이후 支思韻에 새로운 글자들이 증가한 것은 다른 音變의 결과로 보인다. 이러한 변화로 인하여 照二, 照三系의 성모가 완전히 捲舌音化하여 洪音과만 결합할 뿐, 細音과는 결합하지 않게 된 것이다. 이 音變은 앞에서 공식 3(y → 0/r___)을 가지고 설명하였다.

공식 3은 공식 17(y → 0/yɨ___) 이후에 일어났음이 분명하다. 그렇지 않으면 이와 유관한 각 글자가 왜 支思韻으로 변하지 않았나를 설명하기 어렵기 때문이다.21) 이러한 점은 明淸시대의 韻書를 통해서도 문헌적 증거를 찾을 수 있다. 예를 들면 『韻略易通』에서는 원래 知照系의 성모가 洪音과 細音에 兩配되어 있어 아직 공식 3이 대표하는 音變이 발생하지 않았음을 보여준다. 그러나 앞에서도 이미 언급하였듯이 徐孝의 『等韻圖經』에서는 等을 전통적인 等韻圖와는 달리 上等, 中等, 下等의 3개의 等으로 구분하였는데 그렇게 분류한 가장 큰 원인은 이 시대에 이미 捲舌音 성모가 개음 /y/와 결합할 수 없었기 때문이다.22) 그리하

---

20) 陸志韋는 「釋中原音韻」에서 이들 세 글자를 支思韻에다 분류한 것은 잘못이고 마땅히 齊微韻에 분류되어야 한다고 주장하고 있다. 그러나 이것은 분명히 오해이다. 자세한 토론은 제6장 注 16 참조.
21) 曾攝의 入聲字 韻尾 /k/가 /y/로 변한 후, 그 一等入聲字 '黑賊' 등의 운모는 /-iy/로 변하였다. 이리하여 이들 글자들은 『中原音韻』에서는 齊微韻에 속하였다. 『中原音韻』 이후, 捲舌 성모 뒤의 개음 /y/의 소실이 공식 3의 이전이라면 '知, 世' 등의 글자들의 운모는 '黑, 賊' 등의 운모와 동일해진다. 따라서 공식 17의 영향을 받지 못하여 실제와 맞지 않게 된다.

여 이 변화는 아무리 빨라도 淸初에 일어났던 것으로 추측할 수 있다.

『中原音韻』이후 主要 자료에 나타난 支思韻의 擴大 상황을 도표로써 개관하면 다음과 같다.

**止攝 2, 3等 合流---支思韻의 擴大

例	中原音韻	韻略易通	等韻圖經	五方元音	現代北京語
齒頭4 思	sɨ	sɨ	sɨ	sɨ	sɨ
齒上2 師	srɨ	srɨ	srɨ	srɨ	srɨ
正齒2 詩	srɨ	srɨ	srɨ	srɨ	srɨ
舌上3 知	cryiy	cryiy	crɨ	cryɨ	crɨ
祭韻系 市	sryiy	sryiy	srɨ	sryɨ	srɨ

여기에 또 첨가할 수 있는 것은 『中原音韻』이전 支思韻의 형성은 운모 /yiy/가 먼저 개음 /y/를 잃고 뒤에 韻尾를 잃은 결과이나, 『中原音韻』에서 齊微韻에 분류되어 운모가 /yiy/이었던 '知, 尺, 世, 日' 등 새로운 글자들이 支思韻으로 변한 과정은 먼저 韻尾를 잃고 후에 개음을 잃은 결과라는 점이다. 그 다음으로 『中原音韻』이전 止攝 精系 開口字 (祭, 齊, 夕 등)는 똑같은 조건에서도 支思韻으로 변하지 않고 반대로 見系의 細音字와 합류하여 현대의 尖團不分이 되었다. 그 원인은 이들

---

22) 『中原音韻』에서는 '支, 止, 至, 甾, 齒, 時, 史, 詩'는 支思韻에 속하여 운모가 /ɨ/였으며, '直, 尺, 馳, 世'는 齊微韻에 속하여 운모가 /yiy/였는데, 『等韻圖經』에서는 '支, 止, 至, 直'과 '甾, 齒, 尺, 馳', '時, 史, 世, 詩' 등을 각각 같은 열에 배열하고 있는 것이 그 증거가 된다.

글자가 공식 17이 대표하는 音變의 영향은 받았으나 공식 3이 대표하는 音變의 영향은 받지 못하였기 때문이라고 해석할 수 있다.

5.6.1.2 어음이 변화하여 새로운 운부를 형성하는가의 여부는 새로이 형성된 운모가 전체 音韻 體系에서 차지하는 지위에 따라 결정된다. 支思韻의 독립은 『中原音韻』 시대에 이미 시작되었으나, 그 후의 明清韻書에서도 반드시 스스로의 운부를 형성한 것은 아니었다. 그 원인은 우리가 각 시대의 서로 다른 音韻 구조를 이해한다면 쉽게 알 수 있다. 우선 『中原音韻』부터 살펴보기로 하자.

　『中原音韻』은 이미 언급한 바와 같이 당시의 北方官話의 실록이다. 이것이 반영하는 언어는 대다수 元曲 作家들이 사용하였던 언어와 같거나 혹은 매우 가까운 언어였다. 『中原音韻』에서는 韻을 모두 19類로 분류하였는데 동일한 운부의 글자들은 반드시 동일한 主要元音과 韻尾를 지니고 있었기 때문에, 즉 韻基가 같았기 때문에 압운을 할 수 있었다. 반대로 말하자면 서로 다른 운부의 글자들 사이에는 主要元音 혹은 韻尾가 달랐거나 두 가지 모두 달랐던 것이다. 그러나 앞에서 서술한 바와 같이 支思韻과 魚模韻은 韻基가 /-i/로서 같은데도 『中原音韻』에서는 따로 분류하고 있다. 이것은 압운 조건을 가지고 말한다면 분명히 원칙에 어긋난 것이다. 이들의 主要元音과 韻尾는 동일하기 때문에 마땅히 같은 운부에 속하여야 한다는 점은 다른 운에서도 뚜렷이 나타난다. 그러나 이것도 이해할 수 없는 것만은 아니다. 이것은 두 가지 측면에서 해석할 수 있다. 첫째, 통시적 변화의 측면에서 보면 支思韻은 당시로서는 형성된 지 얼마 되지 않은 것이다. 許世瑛은 「朱熹口中已有舌尖前高元音說」에서 이러한 支思韻은 朱熹가 살았던 南宋 시대에 이미 존재하였다는 것을 밝혀내고, 그보다 약간 이른 시기에 발생하였을 것으로 추정하였다.23) 그렇다면 그 발생 시기는 『中原音韻』이 편찬된 시기와 비교하여 그리 멀지 않은 것으로 볼 수 있다. 이들 글자들은 그 때까지 줄곧 止攝에서 변한 齊微韻과만 압운하였으며 遇攝에서 변한 魚模韻과는 절대로 押韻하지 않았는데, 그것은 支思韻과 魚模韻의 音質상의 차이가 당시 사람들의 마음속에 굳게 박혀있었기 때문이었던 것 같다. 그들은 그래도 의식적으로 이들 두 운 사이의 차이를 인정하여 서로 압운을 하지 않았다고 할 수 있다 하더라도 그 때까지 支思韻이 형성되지 않았던 方言에서는 支思韻의 발생이 더욱 새롭게 느껴져 당연히 魚模韻과는 압운을 할 수 없었을 것이다. 둘째, 音值를 가지고 말하자면 支思韻의 韻母 /-i/는 魚模韻의 韻母 /wi/와 /ywɨ/와는 音質상 크게 차이가 있기 때문에 이전부터 支思韻이 존재하고 있던 방언을 쓰는 사람들조차도 이 두 운의 차이를 귀로써 쉽게 구별해 낼 수 있었을 것이다. 이리하여 압운의 원칙에는 어긋나지만 音質상의 차이로 인하여 그들은 서로 押韻을 하지 않았던 것이다.

　다른 방면에서 말하자면, 支思韻의 글자와 齊微韻의 글자는 비록 같이 止攝에서 유래하였지만, 그 이후 支思韻의 글자는 齊微韻의 글자와 押韻을 하지 않았다. 왜냐하면 이들 양자의 韻基는 완전히 달랐기 때문이다. 따라서 이들이 두 개의 운으로 나눠진 것은 어음이 변화한 후에 일어난 자연적인 현상이라 할 수 있다. 元曲 作家들은 이러한 音變의 자연적인 결과를 준수하였고 周德淸도 실제에 의거하여 기록하였기 때문에 그가 이 두 운을 따로 분류한 것은 이상한 현상이 아니라 할 수 있다.

---

23) 許世瑛, 「朱熹口中已有舌尖前高元音說」, 『淡江學報』 第九期, 1970, pp.1-16

5.6.1.3 『中原音韻』 이후의 상황은 이전과 상당히 다르다. 원래 齊微韻의 開口字는 韻尾 /y/를 잃었고(공식 17, y → 0/yɨ__), 低元音을 포함하고 있는 帶尾韻은 점차 합병되었다. 이리하여 韻目은 대폭 감소하였고 淸初에 이르러서는 北方官話지구의 十三轍이 형성되었다.24)

元音體系에서 가장 특이한 점은 姑蘇와 一七을 분리하고 있다는 점이다. 압운의 원칙에 의하면 이 두 攝은 마땅히 합쳐져야 하나, 바로 이전의 徐孝의 『等韻圖經』에서도 止攝으로부터 祝攝을 분리하고 있으며, 北京俗曲에서도 분리하고 있다.25) 이렇게 분리한 이유는 바로 /wɨ/의 음성적 성질과 관계가 있는 것 같다.

종래의 音韻 학자들은 이 현상을 해석할 때마다 서로 다른 주장을 하였다. 明淸 시대의 韻書에서 운부를 분류한 상황은 다른 류의 글자들은 대체로 일치하며, 비록 일치하지 않는다 하더라도 어음 변화의 규율을 가지고 그 원인을 쉽게 해석할 수 있다. 그러나 유독 姑蘇轍과 一七轍에 분류된 글자들만은 韻書마다 각기 다르다.26) 어떤 韻書에서는 /ɨ/를 主要元音으로 취하는 4呼, 즉 開口呼(/ɨ/), 齊齒呼(/yɨ/), 合口呼(/wɨ/), 撮口呼(/ywɨ/)의 글자들을 하나의 韻으로 합쳤는가 하면,27) 또 다른 韻書에서는 위의 4呼에 속하는 모든 글자들을 손쉽게 네 개의 韻으로 나누는 등28) 이러한 두 가지 극단적인 분류 방법 사이에 가능한 분류법은 모두 있는 것 같다. 그러나 제일 우세를 점하는 분류법은 開(/ɨ/), 齊(/yɨ/), 撮(/ywɨ/) 3 개의 운모를 하나의 운으로 합치고, 合(/wɨ/)류의 운

---

24) pp.60-62 참조.
25) 羅常培, 『北京俗曲百種摘要』, 來薰閣書店, 1950.
26) 趙蔭棠, 『等韻源流』, p.258, 明等韻化濁入系統韻母表.
27) 喬中和의 『元音譜』의 '卜'과 阿摩利諦 등 『三敎經書文字根本』의 及攝.
28) 『山東十五音』의 '支, 齊, 姑, 虞'와 華長忠의 『韻籟』의 '姿, 基, 沽, 居'.

모를 따로 독립시킨 것이다.29) 이것은 해석하기 어려운 점이다. 외견상 十三轍의 一七轍은 /i, yi/, 姑蘇轍은 /wɨ, ywɨ/의 운모인 것 같이 보인다.30) 그러나 羅常培의 『北京俗曲百種摘要』를 보면 그렇지 않다는 것을 알 수 있다. 그는 古音을 연구하는 방법으로 北京俗曲의 韻字를 귀납하였는데, 그 결과 十三轍이 이치에 맞다는 것이 증명되었다. 그의 연구 결과에 의하면 一七轍에는 /i, yi, ywɨ/ 3개의 운모의 글자들이 포함되어 있고, 姑蘇轍은 /wɨ/ 운모의 글자들이 포함되어 있다고 한다.31) 바꾸어 말하자면 이것은 앞에서 제일 우세를 점하였던 일파와 부합한다. 비록 이렇게 분류한 이치를 알 수는 없지만32) 이러한 사실을 이해한 후에는 왜 '衣, 尸, 居'가 서로 압운할 수 있었는가는 알 수 있을 것 같다.

5.6.2 歌戈, 車遮韻

歌戈韻과 車遮韻은 『中原音韻』에서는 韻基가 각각 /oO/와 /eO/로서 서로 대립되었다. 따라서 '岳/ywo/, 約/ywo/, 學/hywo/, 雪/sywo/' 등의 음절이 '月/ywe/, 決/kywe/' 등과 서로 압운을 할 수 없었다. 그러나 이들 음절은 現代北京語에서는 모두 /ə/로 합류하여 서로 압운을 할 수 있게 되었다.

따라서 『中原音韻』 이후 현대에 이르는 사이에 다음과 같은 音變이

---

29) 徐孝의 『等韻圖經』, 馬自援의 『等音』, 林本裕의 『聲位』, 都四德의 『黃鐘通韻』, 龍爲霖의 『本韻一得』 등등.
30) 張洵如, 『說轍兒』 p.7, p.10.
31) 예를 들면 평성의 '衣, 尸, 居'가 같이 一七轍에 속해 있다.
32) 開口(/Ci/), 齊齒(/(C)yi/), 合口(/(C)wɨ/), 撮口(/(C)ywɨ/)은 모두 주요원음은 /i/로 같아졌지만, 실현되는 음성의 측면에서 보면 개구, 제치, 촬구는 전설원음이고, 합구는 후설원음이어서 조음점이 서로 먼 관계로 이들이 따로 분리된 것으로 해석할 수 있을 것 같다.

일어났음을 알 수 있다.

$$\begin{Bmatrix} o \\ e \end{Bmatrix} \rightarrow \partial/\underline{}\# \qquad (21)$$

이 音變의 결과로 위에 든 입성자들의 韻基가 /-ywə/로 변하였을 뿐 아니라 '靴, 瘸, 嗟' 등과 같은 舒聲字도 영향을 받아 변하였다.

이러한 音變은 淸初의 十三轍에서도 반영되어 있지 않았기 때문에 더 최근에 일어났음이 틀림없다. 이들 두 운은 十三轍에서는 梭坡轍과 乜斜轍으로 표기되어 있는데, 이것은 여전히 韻基가 각각 /-oO/와 /-eO/로서 서로 변별적이었음을 보여주는 것이다. 그 후 康熙年間(1679 전후) 阿摩利諦 등이 편찬한 『三敎經書文字根本』에서도 여전히 이 두 운이 분압하고 있으며 乾隆9년(1774) 都四德의 『黃鐘通韻』에서 이 두 운이 합쳐진 사실을 처음으로 반영하고 있다.33) 그러나 『音鑒』 같은 그 뒤에 쓰여진 자료에서도 이들 두 운이 여전히 대립되고 있는 것을 보면 이 音變이 북방에서 광범위하게 일어난 것은 19세기 초엽 이후의 일이라 할 수 있다. 이 音變은 북경어의 변천 과정에서는 이렇게 늦게 발생하였지만 기타 官話 방언에서는 이 合韻 현상은 더 늦게 일어나 심지어 현재의 西安話와 같이 지금까지도 합운을 하지 않는 방언도 있다.34)

『音鑒』과 20세기 초반 盧戇章의 『北京七音敎科書』(이하 『敎科書』), 潘立書의 『李氏音鑒北音入聲篇音釋』(이하 『音釋』) 등의 자료를 통하여 이들 두 운이 합류하는 과정을 도표로 나타내면 다음과 같다.35)

---

33) 趙蔭棠, 『等韻源流』 p.258, 明淸等韻化濁入淸系統韻母表.
34) 『漢字方音字匯』 p.40.
35) 이 도표는 楊自翔의 「李氏音鑒所反映的北京語音體系」 p.45에 의거하여 작성

例	李氏音鑑	敎科書	音釋	現代北京語
爵	kywo	kywo	kywo	hywə
卻	khywo	khywo	khywo, khywə	khywə
學	hywo	hywo	hywo, hywə	hywə
日	ywo	ywə	ywə	ywə
薛	hywo	-	hywo, hywə	hywə
略	lywo	-	lywo, lywə	lywə
決	kywe	kywə	kywə	kywə
月	ywe	ywə	ywə	ywə
靴	hywo	hywə	-	hywə

이 音變의 결과 近世官話의 元音體系에 중대한 변화가 일어났다. 그것은 곧 『中原音韻』 이후 十三轍까지 계속되어 왔던 /ɨ, e, a, o/의 4元音體系에서 前元音 /e/와 後元音 /o/가 中央元音 /ə/로 합류하여 現代北京語의 /ɨ, ə, a/의 3元音體系가 되었음을 의미한다. 다시 말하자면 이 音變을 마지막으로 하여 現代北京語의 3元音體系가 완성되었다고 할 수 있다.36)

한 것임.
36) 現代 北京語의 高中低 3도 元音說은 Hartman(1944)이 처음으로 제시하였고 그 다음으로는 Hockett(1947)이 제창한 高低 2元音說이 있다. 여기에서는 Hartman의 설을 따르되 약간의 수정을 가하였다. 왜냐하면 그의 문장에서는 많은 부분에서 이론적으로 해석하는 데 있어 불충분하기 때문이다. Hockett의 2元音說은 표면상 이치에 맞는 것 같으나 실은 어음을 기술하는 데 있어 불충분하다. 宋元嘉 「評哈忒門(Hartman)和霍凱特(Hockett)對北京語音分析」, 『中國語文』 1965.3, pp.167-178 참조.
참고로 現代北京語의 운모(漢語拼音字母)를 이 3도 元音說의 音韻 표기법으로 나타내면 다음과 같다.

a	e	i	u	ü	ai	ei	ao	ou	ie	üe
/a/	/ə/	/yɨ/	/wɨ/	/ywɨ/	ay/	/iy/	/aw/	/ɨw/	/yə/	/ywə/

5.6.3 家麻韻

家麻韻은 『中原音韻』에서는 韻基가 /-a/이었으며 이후 現代北京語에 이르기까지 아무런 변화를 하지 않았다.

5.7 兒化韻의 發生

兒化韻의 발생에 관하여서는 학자들 사이에 이견이 많다. 예를 들면 唐虞는 「兒音的 演變」에서 遼史, 元史 등 中外互譯의 對音資料를 사용하여 '兒'가 現代北京語에서와 같이 읽히게 된 것은 遼代부터였다고 주장하고 있고, 趙蔭棠은 『中原音韻研究』에서 元代부터였다고 한 반면, 羅常培는 『漢語音韻學導論』에서 위의 두 학설을 종합하여 宋元之際부터였다고 보고 있다.37) 한편 王力나 董同龢는 이 兒化韻이 언제 발생하였는가에 대해서는 언급을 하지 않은 채, 이들 止攝日母의 '二, 耳, 兒' 등의 글자가 『中原音韻』에서는 支思韻에 분류되어 있어 그 독음이 [ri]였을 것으로 추측하여 위의 여러 학설을 간접적으로 부정하고 있다.38) 그리고 최근에는 李思敬이 『漢語"兒"音史研究』에서 兒化韻의 발생에 관하여 전문적으로 연구한 결과 兒化韻은 지금부터 약 500년 이전인 明代 初期에 발생하였다고 주장하고 있다.39) 그러나 韻文에서의 압운 자

---

    an   en   ün   üan   ang   eng   yong
    /an/ /in/ /ywin/ /ywan/ /aŋ/ /iŋ/ /ywiŋ/
    여기에서 드러나는 가장 두드러진 특징은 現代北京語의 운모의 音韻에서 운미는 高元音 /i/과 低元音 /a/의 뒤에서만 나타나는 사실이다.
37) 唐虞,「兒音的演變」,『中央硏究院歷史語言硏究所集刊』 第二本, 第四分. 趙蔭棠, 『中原音韻研究』, p.155, 羅常培, 『漢語音韻學導論』, p.58 참고.
38) 王力, 『漢語史稿』, 1957, p.161, 董同龢, 『漢語音韻學』, 1979, p.64.

료를 가지고 살펴보면 정확한 결론을 얻을 수 있다. 우선 杜甫의 詩 중에서 "細雨魚兒出, 微風燕子斜"이란 詩句를 보면 唐代에 이미 '魚兒'과 같은 어휘가 있었던 것처럼 보인다. 그러나 이것은 '兒'이 詞尾로 쓰였음을 증명할 뿐 그 시대에 兒化韻이 있었다는 것을 증명하는 것은 아니다. 왜냐하면 이 詩句에서 '兒'字는 분명히 하나의 독립된 음절을 구성하고 있으므로 '魚'字와 합쳐져서 하나의 음절을 이루는 것이 아니기 때문이다. 따라서 절대로 '魚'字가 兒化된 것이라고 볼 수 없다.

元代에 이르면 兒字가 詞尾로 쓰이는 현상은 매우 보편적이다. 그러나 이 때에도 兒化韻은 아직도 형성된 것 같지 않다. 예를 들면,

    我看這金線兒, 妝出鴛鴦字.
    我看這綠絨兒, 分作鴛鴦翅.

여기에서 '線兒'와 '絨兒'의 용법은 現代北京語에서의 용법과 완전히 같다. '兒'字는 襯字로 쓰였기 때문에 첫째구와 셋째구는 6글자에 이르고 있다. 그렇다고 해서 '兒'字가 '線' 혹은 '絨'과 합쳐져 現代北京語의 兒化韻과 같이 읽히지는 않고 輕聲으로 읽혔을 가능성이 클 뿐이다. 이 점은 다른 小曲에서도 증명이 된다.

韻文 이외의 다른 韻書나 韻圖를 통하여 보아도 兒化韻은 元代에도 발생하지 않았음을 알 수 있다. '兒'字는 中古音에서는 止攝 日母字로서 『中原音韻』에서는 支思韻에 속한다. 支思韻의 글자들은 모두 高元音 /i/를 운모로 취하고 있으며, 따라서 '兒'字의 원래 독음은 /ri/로서 현대의 日字의 독음과 별 차이가 없었다.40) 明代에 이르러 徐孝의 『等韻

---

39) 李思敬, 『漢語"兒"音史硏究』, p.42.
40) '日'은 원래 입성으로서 통시적 변화의 방식이 '兒'字와는 달랐다. 이리하여 『中國

圖經』에서 '兒'字는 비로소 '二, 而' 등의 글자와 더불어 처음으로 影母의 아래에 나타나고 있다.41)

影母는 중고 시대에는 喉塞音이었으나 이 성모는 『中原音韻』 이전에 이미 소실되어 零聲母로 변하였다. 그리하여 徐孝 시대의 影母는 실제로 당시의 零聲母를 대표한다. 원래 日母字(/r/)였던 '兒, 而, 二' 등은 『中原音韻』 때에는 독음이 /ri/였는데 이들 글자가 『等韻圖經』에서 影母의 아래에 분류되었다는 것은 그들의 성모가 明代에 이미 소실되었음을 나타낸다.42) 조금 후의 『西儒耳目資』에서도 이들 음절이 'ul'로 표기되어 있어 이러한 변화를 증명하고 있다.

音韻 변화의 구조적인 측면에서 본다면 이러한 독음의 변화는 공식 3(y → 0/r___)의 앞에서 발생하였다. 왜냐하면 만약 그 후에 발생하였다면 '二'와 '日' 등의 異讀 현상을 해석하기가 어렵기 때문이다. '日'은 『中原音韻』에서는 /ryiy/였으나 후에 공식 17(y → 0/yi___)이 대표하는 音變의 영향을 받아 /ryi/로 변하였다가 후에 다시 공식 3이 대표하는 音變의 영향을 받아 현재의 독음과 같은 /ri/로 변하였다. 따라서 만약 '兒, 而, 二' 등의 음절의 성모가 零聲母로 변한 현상이 공식 3의 앞에서 일어났다면 '日'도 당연히 같이 영향을 받아 그 성모를 잃었을 것이기 때문이다.

이와 같은 音變을 외형상 다음과 같은 공식으로써 나타낼 수 있다.

音韻』에서 齊微韻에 분류되어 원대의 음은 /ryiy/로 추측되며 支思韻으로 변한 것은 훨씬 후의 일이다.
41) 止攝第三開口篇. 陸志韋, 「記徐孝重訂司馬溫公等韻圖經」, 『燕京學報』 第32期, pp.169-196.
42) 『五方元音』에서는 '而, 兒, 二' 등의 글자가 여전히 日母로 읽히고 있다. 이것은 아마도 방언의 영향인 것 같다.

$$\#ri\# \rightarrow \#ir\# \qquad (22)$$

　이 공식에 의하면 音韻互換(metathesis)이 결과로 인하여 /ir/로 변하였다고 해석할 수 있다. 王力과 Hsueh가 이렇게 해석하는 대표적인 학자이다.43) 물론 이렇게 해석하는 데에는 두 가지 장점이 있다. 첫째, 이러한 음절이 어떻게 零聲母로 변하였는가를 합리적으로 설명할 수 있기 때문이며 그에 따라 원래 日母의 글자인 '兒, 二, 而' 등이 왜 零聲母로 바뀌게 되었는가를 합리적으로 설명할 수 있다. 둘째, 古官話에서는 /r/와 같은 韻尾가 없었으나 現代北京語에서 /r/가 韻尾로 쓰이고 있는 것은 기정의 사실이다. 그렇다면, 이러한 특수한 韻尾는 어떻게 발생하였는가 하는 문제에 대하여 이렇게 해석함으로써 명확하고 합리적인 답안을 제공할 수 있다. 그러나 우리 조선시대의 대역 자료들을 살펴보면 이 音變은 사실은 音韻互換에 의해서 생긴 것이 아님을 알 수 있다. 姜信沆교수에 의하면 '二'字의 독음은 다음과 같이 변화하였음을 볼 수 있다.44)

$$/ri/ \rightarrow /rir/ \rightarrow /ir/ \qquad (23)$$

　音韻互換 현상은 音變 중에서도 급격히 일어나는 변화로서 위와 같은 과정을 본다면 이것은 당연히 音韻互換이 아니라 성모의 영향으로 새로운 형태의 운미가 생겨났다가 결국 성모가 탈락한 것임을 알 수 있다.

---

43) 王力의 『漢語史稿』, p.129와 F.S.Hsueh의 *Phonology of Old Mandarin*, p.91 참조.
44) 姜信沆, 「依據朝鮮資料略記近代漢語語音史」, 『歷史語言硏究所集刊』 51.3, p.527.

그러면 이 音變을 달리 어떻게 해석해야 할 것인가? 우리는 앞에서 공식 3과 17을 사용하여 『中原音韻』 당시 齊微韻이었던 '日, 知' 등의 글자가 韻尾 /yiy/에서 먼저 韻尾 /y/를 잃고 난 다음 후에 捲舌 성분 뒤에서 다시 개음 /y/를 잃어 支思韻으로 변한 과정과 音變의 과정에는 소위 연쇄반응이 있다는 것을 알았다. 그렇다면 이 모든 과정을 다음과 같은 그림으로 나타낼 수 있을 것이다.

	『中原音韻』	『等韻圖經』
Ⅰ.		/cri, crhi, sri, ir/
Ⅱ.	/cri, crhi, sri, ri/	/cri, crhi, sri, ri/
Ⅲ.	/cryiy, crhyiy, sryiy, ryiy/	

즉 『中原音韻』에서는 照三系 성모는 捲舌의 정도가 그다지 심하지 않아서 겨우 Ⅱ, Ⅲ 단계에 있었으나 『等韻圖經』에 이르러서는 재래의 Ⅲ류가 Ⅱ류로 들어갔다. 재래의 Ⅱ류는 그 이상 捲舌化할 여유가 없어 그대로 Ⅰ류로 올라갔다. 이 추세를 따라 古官話의 '日' 등의 /ryiy/는 먼저 공식 17 音變에 의해 韻尾 /y/가 탈락하여 /ryi/로 되었다가 다시 공식 3의 音變에 의해 개음 /y/가 탈락하여 Ⅱ단계의 /ri/로 변하고, 원래 Ⅱ단계에 있었던 '兒' 등은 /ri/에서 다시 捲舌을 더 강하게 하는 것이 불가능하게 되어 그 극도의 捲舌音이 元音化하여 /ir/[+vocalic, +syllabic]로 된 것으로 추측하는 것이 설득력이 있어 보인다.[45]

---

[45] 이러한 현상은 현재 西安方言에서는 日字까지도 兒化하여 /ir/로 읽히고 있는 점에서도 증명이 된다. 『漢語方言字匯』 北京大學中國言文學系 語言學敎硏

연쇄반응으로써 설명하자면 支思韻의 日母字가 모두 兒化하고 대신 그 자리를 齊微韻의 日母字('日, 入' 등)46)가 메운 일종의 밀기 연쇄반응이라 할 수 있다.47)

'兒'이 형태음소론적 과정을 거쳐 現代北京語에서와 같이 다른 음절의 韻尾로 사용된 것은 이 音變이 발생한 이후의 일일 것이다. 鄭振鐸의 『中國俗文學史』에 수록된 明代의 民間 文學 작품을 조사해보면, 明末까지는 兒化된 음절을 찾을 수 없다. 그러나 乾隆 60년에 刻한 『霓裳續譜』 四에 수록된 "寄生草"의 韻脚은 '信, 人, 歲, 墜, 唇, 信, 會'로서 이들 /syin/, /rin/, /swiy/, /cwiy/, /crhwin/, /syin/, /hwiy/를 兒化韻으로 읽지 않으면 전혀 압운이 되지 않는다.48) 이러한 사실로부터 '兒'이 다른 음절 韻尾로 사용되기 시작한 것은 대략 明末 淸初였을 것으로 추측할 수 있다.

室編, 1962, p.52 참조.
46) '入'은 『中原音韻』에 齊微韻에 분류되어 '日'자와 같이 /ryiy/이었다. 정상적인 변화과정을 거쳤다면 현재는 /ri/로 '日'과 같은 음이어야 하나, 이 글자가 남녀 간의 성교를 비하하는 욕으로 많이 쓰이자 원래의 의미를 나타낼 때에는 /rwi/로 바꾸어 발음하게 되었다. 현재도 그러한 의미로 욕을 할 때에는 /ri/로 발음하며, '日'로 가차하여 쓰기도 한다. 李榮, 「論"入"字的音」, 『方言』 第4期, 1982, pp.241-244 참조.
47) 騰堂明保, 「中國の史的音韻論」, 『日本中國學會報』 6, 1954 p.5.
48) 俞敏, 「現代北京話和元大都話」, 『中國語學』 238. 1986 p.3에서 다시 인용.

제6장 『中原音韻』 이후 聲調의 변화

6.1 舒聲字의 변화

　『中原音韻』에서는 陰平, 陽平, 上聲, 去聲 네 가지의 성조로 분류하고 있다. 이것은 이전 切韻系 韻書에서 단순히 平, 上, 去, 入으로 분류한 것에 비해 매우 혁신적일 뿐 아니라 그 이전과 비교하여 성조에 있어 큰 변화가 있었음을 의미한다.

　제 4장에서 공식 1을 가지고 中古 全濁성모가 『中原音韻』 이전에 清化하였다는 것은 이미 설명하였다. 그런데 이렇게 성모가 清化하면서 성조에 그 흔적을 남겼다. 즉 全濁성모의 清化하면서 성조에 그 흔적을 남겼다. 즉 全濁 성모의 清化에 따라 平聲이 陰平과 陽平으로 분화한 것과 全濁上聲이 去聲으로 변한 것이 바로 그것이다. 그러나 원래 去聲에는 아무런 변화가 없었다. 이러한 성조상의 변화는 다음과 같은 공식으로 설명될 수 있다.

$$
平 \rightarrow \left\{ \begin{array}{l} 陽平 / \\ 陰平 \end{array} \right. \left\{ \begin{array}{l} H \\ R \underline{\quad} \end{array} \right\} \qquad (24)
$$

H: 濁音資質   R: 共鳴資質(/m, n, l, ŋ/ 등이 이러한 資質을 가지고 있다.)

$$上 \rightarrow \begin{Bmatrix} 去聲/ \text{ H}\_\_ \\ 上聲 \end{Bmatrix} \quad (25)$$

$$去 \rightarrow 去 \quad (26)$$

공식 21에서 濁聲母인 平聲이 陽平으로 변한 원인은 쉽게 설명할 수 있다. 濁聲母는 원래 발음할 때에 성대를 울리고 나오기 때문에 같은 힘으로 발음했을 경우 清聲母보다 높이가 낮게 나는 것은 일반적인 현상이다.[1] 따라서 『中原音韻』 시절의 陽平聲은 현대북경어에서와 같이 陰平聲보다 그 조치가 낮았다는 것을 짐작할 수 있다.

等韻 이후 이러한 변화를 거쳐 『中原音韻』에 이르러서는 위의 陰平, 陽平, 上聲, 去聲 네 가지의 성조로 변하였는데 그 내용은 現代北京語와 거의 유사하다. 그러나 『中原音韻』의 陰平, 陽平, 上聲, 去聲 네 가지의 성조의 調值에 관해서는 알 길이 없다. 그것은 元代뿐만 아니라 그 이후 現代北京語에 이르기까지 調值에 관해 언급해 놓은 중국 자료는 하나도 없다. 최근 忌浮는 元曲의 압운 자료 등을 이용하여 元代의 調值를 다음과 같이 재구해 놓고 있다.[2]

陰平 *33   陽平 *45   上聲 *315   去聲 *51

---

1) William S-Y. Wang, Phonlogical Features of Tone, *International Journal of American Linguistics*, Vol.33 No.2 pp.93-105.
2) 忌浮, 「中原音韻的調值」, 『語言研究』 1986.1, pp.99-108.

이것은 現代北京語의 調値와 상당히 유사한 것 같이 보인다. 그러나 위에서 말한 바와는 달리 陰平이 陽平보다 낮게 재구되어 있는 점 등으로 보아 완전하지는 않은 것 같다.

그리고 遠藤光曉는 조선 자료인 '翻譯老乞大朴通事凡例'의 漢語, 旁點, 淸濁聲勢之辨條에 보이는 설명에 의거하여 15, 6세기 성조의 조치에 관하여 연구를 하였는데[3] 그는 明代 중엽의 조치를 다음과 같이 추측하고 있다.

        陰平 *45   陽平 *214   上聲 *11   去聲 *55

梅祖麟도 이 문제에 관해 쓴 논문이 있는데 그가 재구한 조치는 陰平-35, 陽平-13, 上聲-22, 去聲-55, 入聲-2이다.[4] 梅祖麟은 앞의 遠藤光曉의 연구 결과와 매우 유사하다. 그러나 이들이 재구한 조치는 現代北京語의 조치, 즉 陰平-55, 陽平-35, 上聲-214, 去聲-51과는 너무나 차이가 나 그 변천 과정은 현재로서는 알 길이 없다.

6.2 入聲字의 변화

6.2.1 『中原音韻』의 入聲

入聲字의 改讀현상은 宋代에 이미 시작되었다. 이것은 宋代의 詞作

---

3) 遠藤光曉, 「翻譯〈老乞大〉〈朴通事〉裡的漢語聲調」, 『語言學論叢』第十三輯, 北京大學中文系『語言學論叢』編委會編. pp.162-182.
4) Tsu-lin Mei, Tones and tone sandhi in 16th century Mandarin, *Journal of Chinese Linguistics*, 5:2, 1977.

品을 통해서도 알 수 있고 宋代 후기의 等韻圖를 통해서 알 수 있다.[5] 『切韻指掌圖』와 『四聲等子』에서는 入聲字를 陰聲韻, 陽聲韻과 二配거나 심지어 三配까지 하고 있어 入聲字의 독음이 바뀌고 있었음을 엿볼 수 있다. 元代에 이르러 周德淸은 『中原音韻』에서 入聲을 기타 三聲에 派入시키고 있는데, 이 점은 入聲字가 이미 改讀되었다는 뚜렷한 증거가 된다. 그러나 『中原音韻』이 편찬된 元代에는 入聲韻尾의 존재여부와 그 이후 변화 과정에 대해서는 사람에 따라 해석이 각각 다르다. 예를 들면 王力이 『中原音韻』 당시에도 入聲이 있었다고 본 楊耐思의 『中原音韻音系』에 써 준 '序'에서 "『中原音韻』 시기에 入聲이 있었다고 보는 것은 분명히 陸志韋의 학설을 따른 것"이라고 단정하고 있는 것이 대표적인 예라 할 수 있다.[6] 이렇게 학자들 사이에 서로 다른 주장이 나오게 된 가장 중요한 원인은 周德淸이 『中原音韻』의 韻譜에서는 '入聲作某聲'이라 하며 入聲을 기타 三聲에 派入시키고 있는 반면, '凡例'에서는 오히려 "音韻無入聲, 派入平上去三聲, 前輩佳作中間, 備載明白(音韻에는 入聲이 없고 平上去의 三聲에 派入되어 갔는데 이러한 현상은 前輩들의 佳作 中에 명백히 갖추어져 있다)"라고 하였다가 "呼吸言語之間, 還有入聲之別(呼吸하며 말하는 사이에는 여전히 入聲의 구별이 있다)"

---

5) 詞에서는 淸 戈載가 唐宋 이래의 詞의 韻脚를 정리한 『詞林正韻』을 들 수 있다. 이 책에서는 운부를 모두 19개로 분류하였는데 앞의 14部는 舒聲韻이고 뒤의 5部는 入聲韻이다. 이 사실만으로는 入聲의 개독현상을 알 수 없는데 그 내용을 보면 이 入聲의 각 韻部 속에 /-p, -t, -k/운미의 入聲字가 섞여 분류되어 있으며, 또한 舒聲의 각 韻部의 뒤에 '入聲作平聲', '入聲作上聲', '入聲作去聲'이라고 한 것이 보인다. 따라서 宋詞에서 이미 入聲字의 개독 현상이 존재하였음을 알 수 있다. 그리고 等韻圖에서는 『切韻指掌圖』 등에서 入聲字를 陰陽 두 류의 운에 배합시켜 놓은 것이 入聲字 개독의 증거가 된다.

6) 楊耐思, 『中原音韻音系』 序 중 p.3.

라 밝혀 자신이 스스로의 모순에 빠진 데에서 기인하고 있는 듯하다. 그러나 사실 『中原音韻』 자체에 入聲이 있었는가 하는 문제와 그 시대에 入聲이 존재하였는가 하는 문제는 본질적으로 다른 것이다. 唐代이후에는 讀書音과 口語音이 동시에 존재해 왔는데 그 중의 하나가 元代에는 표준어의 위치를 확보하게 되었다. 이것은 元曲 작가들의 用韻, 八思巴의 標音, 『中原音韻』에서의 '入派三聲'된 상황 등을 통하여 알 수 있다. 이 표준적인 말이 계속 변화하여 남긴 흔적이 바로 現代北京語 중의 소위 口語音이다. 그러나 당시에는 분명히 이것과 다른 방언이 존재하고 있었다. 이것은 표준어가 된 口語音과는 音韻체계 상 불가분의 관계에 있었으나 入聲의 개독에 있어서는 이 口語와 크게 달랐다. 이 방음은 계속 변화하여 現代北京語의 讀書音이 된 것이다. 이 방언은 元代에서는 口語音만큼 그렇게 표준적인 위치는 차지하지 못하였지만 분명히 그 영향력은 컸던 것 같고 周德淸이 기록한 것은 口語音이었지만 그가 韻譜를 작성할 때에는 심리적으로 讀書音의 영향을 피하기 어려웠던 것 같다. 왜냐하면 그는 入聲의 개독을 설명할 때에, 어떤 때에는 자신이 불명확하기도 하고 어떤 경우에는 한 入聲字의 두 가지 독음을 모두 싣지도 못했기 때문이다. 따라서 『中原音韻』의 音韻체계를 살필 때에는 周德淸이 글자를 분류한 사실 그 자체를 근거로 하여야지 周德淸의 말을 근거로 해서는 안 될 것이다.

결론적으로 말해서 『中原音韻』에서는 비록 入聲을 기타 三聲에 派入시키고 있지만 당시에도 入聲이 존재하고 있었음이 분명하다. 이렇게 주장하는 데에는 많은 이유가 있겠지만 그 중 몇 가지만 들어 보기로 하겠다. 첫째, '入派三聲'의 성질에 관해서 살펴 볼 필요가 있다. 앞에서도 언급하였지만 元代 이전에 北方音系에서는 이미 平聲은 聲母의 淸濁에 따라 陰平과 陽平으로 분화하였으며, 全濁上聲도 그 성모가 淸化하면서

去聲으로 변하였다. 그러나 『中原音韻』에서는 아무런 언급도 없이 이러한 사실을 그대로 반영하고 있으면서 오직 入聲에 대해서만 특별히 '入聲作某聲'이라고 注明하고 있는 데에서 당시의 入聲字는 아직도 舒聲字와 달랐을 것으로 생각하게 한다. 그리고 둘째, 언어의 변화에는 마치 계단을 오르는 것처럼 급격한 변화가 일어나지 않는다. 그런데 宋代부터 入聲이 소실되기 시작하다가 元代에 완전히 소실되었다면 明代에 쓰여진 『韻略易通』이나 『韻略匯通』 등의 韻書에서 반영되고 있는 入聲은 어떻게 해서 생긴 것인가 하는 의문이 생긴다. 물론 이 점에 관하여서는 『中原音韻』 당시에 入聲이 존재하지 않았다고 주장하는 학자들은 이러한 韻書들이 당시의 官韻이었던 『洪武正韻』의 영향을 받았기 때문이라고 주장한다. 그러나 이들 韻書들의 韻譜를 자세히 검토해 보면 入聲字의 처리 방법이 『中原音韻』과는 크게 다를 뿐 아니라 재구되는 音値도 『中原音韻』의 그것과는 다른 音系임을 알 수 있다. 그것은 明清에 이르러서는 讀書音이 표준어의 위치를 되찾아[7] 당시의 韻書들이 讀書音만을 기록하고 있기 때문이다. 이 점에 관하여서는 뒤에서 자세히 토론될 것이다.[8] 셋째, 내부적인 원인으로서 『切韻指掌圖』, 『四聲等子』와 같은 宋代後期의 韻圖에서는 모두 入聲字를 陰聲韻, 陽聲韻과 二配하거나 심지어 三配까지 하고 있는데,[9] 이것을 해석할 때에는 入聲의 소실과정을 보여주는 현상이라 설명하면서, 『中原音韻』에서 入聲字가 서로 다른 陰聲韻에 二配되어 있는 것은 왜 소실된 현상으로 설명할 수 있는가 하는 의문이 생긴다.[10] 넷째, 만약 『中原音韻』시대에 入聲이 없었다면

---

7) 魯國堯, 「明代官話及其基礎方言問題」, 『南京大學學報』 1985.4, pp.47-52.
8) 본문 p.78 참조.
9) 『切韻指掌圖』와 『四聲等子』의 入聲에 관하여서는 周世緘의 「論切韻指掌圖中的入聲」, 『語言研究』 1986.2, pp.36-46에 자세히 설명이 되어 있다.

조선시대의 對音資料인 『翻譯老乞大』, 『翻譯朴通事』에 'ㆆ'11)으로 표기된 入聲韻尾는 어떻게 설명할 것인가 하는 문제도 생긴다. 이상과 같은 여러 원인으로 『中原音韻』 시대에 入聲이 완전히 소실되었다고 보는 것은 곤란할 것 같다.

그러면 『中原音韻』의 韻譜를 분석하면서 그들의 변화 상황을 살펴보기로 하겠다.

6.2.2 通江宕梗曾攝의 변화

6.2.2.1 먼저 口語音의 변화 과정을 살펴보기로 하자. 中古에서 『中原音韻』 시대에 이르기까지의 入聲字의 개독에는 원래 '通江宕梗曾' 5攝의 상황이 제일 복잡하다. 칼그렌은 이 5攝의 운미를 陽聲韻은 [-ŋ]으로, 入聲字는 [-k]로 추측하였다. 그러나 일본의 橋本萬太郎은 그 중 梗攝의 운미를 舌面音 [-N]과 [-c]로(여기에서는 [-K]로 고쳐서 쓰기로 한다) 추측하였는데12) 오히려 이것이 더 적절한 것 같다. 그러나 여기에 曾攝도 포함시킨다면 더 좋을 것 같다. 왜냐하면 內轉이었던 曾攝과 外轉이었던 梗攝은 이들의 입성운미에 변화가 발생하기 이전에 합류하였고, 또한 전통적으로 '梗曾'은 언제나 같이 논의되어 왔고, 이후의 변화과정에서도 같은 운미를 가지고 변하였기 때문이다. 이 音變은 다음과 같은 공식으로써 표시하기로 한다.

---

10) pp.131-132 참조.
11) 'ㆆ'은 중국어의 후색은 [ʔ]을 표기하기 위해 만들어진 부호이다.
12) Hashimoto, Mantaro Joseph, Internal Evidence for Ancient Chinese Palatal Endings, *Language* 46.2, Part 1, 1970, pp.336-385.

```
K  →  y/V_____                    (27)
k  →  w/V_____                    (28)
```

공식 27은 '梗曾' 두 攝의 入聲字 운미 /K/는 모두 /y/로 변하였으며, 공식 28은 '通江宕' 세 攝의 入聲字 운미 /k/는 모두 /w/로 변하였음을 표시한다. 음성적 성질을 가지고 말하자면 舌面音이 前半元音으로, 舌根音이 後半元音으로 변하는 것은 음리상 매우 가능한 일이다. '梗曾'의 入聲字가 收噫韻 /-y/로 변하였다는 것은 이들 글자들이 후에 모두 止攝과 蟹攝의 글자와 합류하여 『中原音韻』에서는 각각 齊微韻과 皆來韻으로 분류되고 있기 때문이다(黑, 白, 色, 澤). 江宕 두 攝의 入聲字가 收嗚韻 /-w/로 변하였다는 것도 쉽게 이해할 수 있다. 왜냐하면 이들 글자들은 效攝과 합류하여 『中原音韻』에서는 蕭豪韻에 분류되었기 때문이다. 그러나 通攝의 入聲字도 收嗚韻으로 변한 사실에 대해서는 회의를 품을 수 있다. 왜냐하면 이들 글자들은 대부분 『中原音韻』에서는 尤侯韻에 나타나지 않고 있기 때문이다. 사실 이러한 변화도 문제가 되지 않는데, 이러한 변화는 후에 일어난 다른 변화에 의해 가려져 있기 때문이다.

이 변화 이후 口語에서의 入聲字는 舒聲字로 읽히게 되었다. 그 후의 변화도 자연히 일반 舒聲字의 통칙에 의하지 않을 수 없게 되었다. 문제는 첫째, 이러한 변화가 언제 발생하였는가, 둘째, 이전에 이들 入聲字들은 어떠한 변화과정을 거쳤는가, 셋째, 이후에 어떠한 변화 통칙이 있어서 이들 이전의 入聲字에 영향을 끼쳤는가 하는 것이다. 이들 문제를 해결하기 위해서 두 가지 방법을 택하기로 한다. 첫째, 문헌자료로부터 옛 사람들의 설명 혹은 암시를 찾아낸다. 그러나 문헌자료는 대단히 복잡하기 때문에 이것은 다만 우리에게 개괄적인 답안만을 제공해 줄 수 있을 뿐이다. 이들 자료에 의하면 이러한 변화는 대체로 宋金시대에 발생하였다고 말할 수밖에 없다. 둘째, 다른 방법은 먼저 어떠한 音變 규율을 찾아낸 다음 이들 규율 사이의 선후관계, 다시 말해 音變 발생의 역사상 전후관계를 추론하는 것이다. 이렇게 해서 얻은 답안은 자연히 객관성이 있고 신빙성이 있는 동시에 위의 세 문제에 대한 해답도 자연히 해결될 것이다.

6.2.2.2 /k, K/가 위와 같이 변한 후, 口語 방언에서 원래 通攝의 入聲字는 곧 流攝字로 변하였고, 江宕의 入聲字는 效攝로, 曾攝의 入聲字는 止攝字로, 梗攝의 入聲字는 蟹攝字로 변하였다. 이후에 이들 入聲字는 舒聲字와 똑같이 변화하였다.

宋代 이후 等韻 시기의 流攝, 效攝, 止攝, 蟹攝은 『中原音韻』에 이르러서는 尤侯韻, 魚模韻, 齊微韻, 蕭豪韻, 皆來韻으로 변하였는데 그 변화 과정은 이 토론의 범위 밖이므로 여기에서는 다만 위의 『中原音韻』의 각 운에 반영된 入聲字의 내용과 그것들에 대한 추측음을 살펴보기로 하겠다.13)

攝名	例	『中原音韻』의 韻部와 추측음	
通一	木獨哭速祿	魚模韻	/-wi/
通三	六粥熟肉竹	尤侯韻	/-yiw/
江(喉牙)	角岳覺學確	蕭豪韻	/-yaw/
江(기타)	捉濁剝朔犖	蕭豪韻	/-aw/
宕一	各莫鐸錯落	蕭豪韻	/-aw/

---

13) 여기의 글자들이 모두 『中原音韻』에 나타나는 것은 아니고, 이치상 같은 변화를 했을 것으로 추측되는 글자들을 모은 것이다.

攝名	例	『中原音韻』의 韻部와 추측음	
宕三	藥著腳杓弱	蕭豪韻	/-yaw/
曾一	黑北得賊國	齊微韻	/-iy/
曾(照二)	色測仄齰齚	皆來韻	/-ay/
曾三(知照)	勅直陟食織	齊微韻	/-yiy/
曾三(기타)	力逼殛息憶	齊微韻	/-yiy/
梗二(知照)	摘窄宅策擇	皆來韻	/-ay/
梗二(喉牙)	客革隔嚇額	皆來韻	/-yay/
梗二(기타)	麥白百擘脈	皆來韻	/-ay/
梗三(知照)	尺擲石隻釋	齊微韻	/-yiy/
梗三(기타)梗四	錫狄覓昔績	齊微韻	/-yiy/

　이미 언급한 바와 같이 等韻 이후 淸代 중엽에 이르기까지 줄곧 中國語의 元音체계에는 큰 변화가 없었다. 그러나 후에 前後의 低元音이 어떠한 특정한 상황에서 中央元音으로 합류하였다. 그러나 그 변한 시기는 각각 다르다. 그러면 성모와 운모 音韻의 변화를 논할 때에 설명하였던 여러 가지 音變 공식이 이들 入聲字의 구음에서의 변화에 어떠한 영향을 주었는지 알아보기로 하자.

　6.2.2.3 앞에서 공식 17(y → 0/yi___)를 가지고 『中原音韻』의 齊微韻이 두 가지 운류, 즉 /-yi/와 /-iy/로 분화한 현상을 이미 설명하였다. 이 音變은 물론 入聲字에도 영향을 끼쳤다. 원래 齊微韻에 속하여 들어갔던 '黑, 北, 的, 賊, 國' 등은 그 당시 개음 /y/가 없었기 때문에 이 音變의 영향을 받지 않았으나, '尺, 擲, 石, 隻, 釋, 錫, 狄, 覓, 昔, 績' 등은 이 音變으로 인하여 直音韻인 /-yi/으로 변하였다. 口語音에서의 入聲字의 이러한 변화는 明淸代의 여러 韻書에서는 나타나지 않는다. 심지어 『韻略易通』이나 『韻略匯通』 등과 같은 『中原音韻』계통의 韻書에서도 入聲字를 陽聲韻과 배합하고 있는데, 그것은 그 당시에는 讀書音이

이미 표준어의 위치를 차지하고 있어 口語에서의 이러한 현상들을 일일이 반영할 필요가 없었기 때문이다.

그 후 대략 淸代 초기부터 現代北京語의 捲舌音은 細音韻母와 결합하지 않게 되었다(공식 3, y → 0/r___). 다시 말하자면 개음 중의 /y/를 잃은 것이다. '直, 擲, 尺, 釋' 등과 같은 入聲字는 먼저 15의 공식이 대표하는 音變에 의해 韻尾를 잃고, 이 때에 와서 다시 介音을 잃어 支思韻과 같게 변하게 되었다. 즉 현재의 독음과 같이 /-i/로 변한 것이다.

그리고 공식 19(ay → ə/Cy___)은 원래 皆來韻이었던 細音字가 現代 北京語에서는 모두 車遮韻으로 바뀌어 읽히고 있는 것을 말한다. 十三轍의 술어로써 설명하자면 懷來韻에서 乜斜韻으로 변한 것이다.

이들 글자들의 개음은 모두 二等 喉牙音字가 細音化하면서 생긴 것이다. 물론 이 현상은 元代 이전에 발생하였다. 庚攝二等 入声字인 '客, 隔, 額, 嚇' 등의 운모는 당연히 이 영향을 받아 /yə/로 변하였다. 나이가 비교적 많은 북경 사람들이 흔히 '客'을 '妾'와 비슷하게, '隔'을 '結'과 비슷하게 읽는 이유가 바로 여기에 있는 것이다.14) 이들 入聲字들은 『中原音韻』에서는 모두 皆來韻에 속하여 있었다. 그러나 '客, 額, 嚇" 3 글자는 동시에 車遮韻에도 분류되어 있다. 뿐만 아니라 모두 細音이다. 이로써 이 音變이 入聲字에서 먼저 발단이 되어 淸代 중엽에 이르러서야 비로소 기타 성조의 글자들에게 영향을 끼친 것이 아닌가 생각게 한다.

6.2.2.4 소위 讀書音은 口語音과 그 내원이 같으나, 성질이 다른 것이라

---

14) 徐世榮이 編한 『北京土語辭典』에 '隔心', '隔手' 등에서의 '隔'을 한어병음 jiē로, '客'을 'qiě'로 표기하고 있는데, 이와 같은 발음은 모두 백화음인 것이다.

할 수 있는데 이들 양자의 차이는 주로 入聲字의 독음에서 나타난다. 口語 方言에서는 入聲字가 일찍 소실되었으나, 讀書音 方言에서는 진정한 入聲字가 明末까지 존재하였다. 이들 둘 사이에 차이가 생기게 된 이유는 첫째 이들 양자에는 각각 서로 다른 音變 규율이 내재해 있었기 때문이고, 둘째 양자에 모두 발생하였던 音變 규율이라 할지라도 시간상의 순서가 달랐기 때문이다.

讀書音의 변화에 있어서 가장 특출한 것은 口語音과는 달리 운미 /-k/가 /-y, w/로 변하지 않고 /-p, -t/ 운미와 더불어 喉塞音韻尾 [ʔ] (여기에서는 인쇄의 편의를 위해서 /-q/로 나타내기로 한다)로 변하였다는 사실이다. 이 音變을 다음과 같은 공식으로 나타낸다.

$$\left\{\begin{array}{c} p \\ t \\ k \end{array}\right\} \rightarrow q/V_____ \qquad (29)$$

물론 이 音變이 발생하기 이전에 원음에서도 변화가 일어났겠지만 여기에서는 토론을 하지 않겠다. 다만 入聲字의 讀書音은 『中原音韻』에서는 극히 적은 수에 불과하지만 韻譜에 나타나 있는 것과 비록 나타나 있지는 않지만 음변에는 규율이 있다는 전제 아래 같은 변화를 했을 것으로 믿어지는 글자들을 보면 다음과 같다.

1. 『中原音韻』에 口語音과 讀書音이 함께 나타난 것

例	『中原音韻』 韻部와 추측음		現代北京語에서의 독음	
薄	蕭豪:/pwaw/	歌戈:/pwoq/	白: /pwaw/	文: /pwə/
著	蕭豪:/cryaw/	歌戈:/croq/	白: /cryaw/	文: /crə/

例	『中原音韻』 韻部와 추측음		現代北京語에서의 독음	
鑿	蕭豪: /caw/	歌戈: /cwoq/	白: /caw/	文: /cwə/
學	蕭豪: /hyaw/	歌戈: /hywoq/	白: /hyaw/	文: /hywə/
略	蕭豪: /lyaw/	歌戈: /lywoq/	白: /lyaw/	文: /lywə/
虐	蕭豪: /ŋyaw/	歌戈: /ŋywoq/	白: /ŋyaw/	文: /ŋywə/
瘧	蕭豪: /ŋyaw/	歌戈: /ŋywoq/	白: /ŋyaw/	文: /ŋyə/
樂	蕭豪: /yaw/	歌戈: /ywoq/	白: /yaw/	文: /ywə/
約	蕭豪: /yaw/	歌戈: /ywoq/	白: /yaw/	文: /ywə/
躍	蕭豪: /yaw/	歌戈: /ywoq/	白: /yaw/	文: /ywə/
鑰	蕭豪: /yaw/	歌戈: /ywoq/	白: /yaw/	文: /ywə/
落	蕭豪: /law/	歌戈: /lwoq/	白: /law/	文: /lwə/
絡	蕭豪: /law/	歌戈: /lwoq/	白: /law/	文: /lwə/
烙	蕭豪: /law/	歌戈: /lwoq/	白: /law/	文: /lwə/
酪	蕭豪: /law/	歌戈: /lwoq/	白: /law/	文: /lwə/
鶴	蕭豪: /haw/	歌戈: /hoq/	白: /haw/	文: /hə/
客	皆來: /khyay/	車遮: /khye/	白: /khyə/	文: /khə/

2. 『中原音韻』에 口語音만 나타나 있으나 現代의 독음에 비추어 그 當時에 두 가지 독음이 있었다고 추측되는 것.

例字	『中原音韻』 韻部와 추측음	現代北京語에서의 독음	
隔	皆來: /kyay/	白: /kyə/	文: /kə/
色	皆來: /shay/	白: /shay/	文: /sə/
擇	皆來: /cay/	白: /cay/	文: /cə/
側	皆來: /chay/	白: /chay/	文: /chə/
百	皆來: /pway/	白: /pway/	文: /pwə/
伯	皆來: /pway/	白: /pway/	文: /pwə/
柏	皆來: /pway/	白: /pway/	文: /pwə/
迫	皆來: /phway/	白: /phway/	文: /phwə/
陌	皆來: /mway/	白: /mway/	文: /mwə/
脈	皆來: /mway/	白: /mway/	文: /mwə/
剝	蕭豪: /pwaw/	白: /pwaw/	文: /pwə/
角	蕭豪: /kyaw/	白: /kyaw/[tɕiau]	文: /kywə/
覺	蕭豪: /kyaw/	白: /kyaw/[tɕiau]	文: /kywə/
腳	蕭豪: /kyaw/	白: /kyaw/[tɕiau]	文: /kywə/
嚼	蕭豪: /cyaw/	白: /cyaw/[tɕiau]	文: /cywə/
鵲	蕭豪: /chyaw/	白: /chyaw/[tɕʻiau]	文: /cywə/
雀	蕭豪: /chyaw/	白: /chyaw/[tɕʻiau]	文: /cywə/
得	齊微: /tiy/	白: /tiy/	文: /tə/
勒	齊微: /liy/	白: /liy/	文: /lə/
黑	齊微: /hiy/	白: /hiy/	文: /hə/
賊	齊微: /ciy/	白: /ciy/	文: /cə/

위의 두 번째의 예들은 비록 讀書音은 반영되어 있지 않지만 만약 그것이 반영되었다면 皆來韻과 齊微韻의 글자들은 車遮韻에 속하여 그들

의 主要元音은 /e/였던 것으로 추측할 수 있으며, 蕭豪韻의 글자들은 첫 번째의 예와 마찬가지로 歌戈韻에 속하여 그 主要元音은 /o/였을 것으로 추측할 수 있다.

6.2.2.5 明淸韻書에서는 入聲字를 대부분 陽聲韻과 배합하고 있다. 그러나 서로 다른 류의 入聲字, 즉 원래의 /-p, -t, -k/운미를 가졌던 入聲字들이 한 데에 분류되어 있는 현상을 볼 수 있는데,[15] 그것은 바로 공식 26의 音變 때문이다. 淸代에 이르러서는 이 喉塞韻尾조차도 소실된다.

$$q \rightarrow 0/V_____ \qquad (30)$$

제 5장에서 이미 언급하였듯이『中原音韻』시기의 4개의 원음 音韻은 淸代 中葉에 이르러 現代北京語의 高中低 3개의 원음체계로 변하였다. 이 音變의 제일 마지막 단계는 主要元音이 /e/인 直音韻(즉 乜斜轍)과 主要元音이 /o/인 直音韻(즉 梭坡轍)이 합류한 것이고, 합류의 방식은 이들 원음이 중앙원음 /ə/로 변한 것이라 하였다(공식 21).

그런데 이 音變은 讀書音과 口語音에서 모두 발생하였으나 口語音에서는 입성자와 직접적인 관계가 없다. 이 音變의 영향으로 위의 歌戈韻과 車遮韻(口語音에서 皆來韻과 齊微韻에 분류된 入聲字)은 現代北京語에서와 같이 그 주요원음이 /ə/로 합류하였다.『中原音韻』이후 明淸시대의 주요 자료에 나타난 入聲字의 추측음과 現代北京語에 이르기까지의 변화 과정을 도표로 나타내면 다음과 같다.

---

15)『韻略匯通』의 眞尋韻에는 '直, 質, 隻, 窒, 躑, 執, 織, 跖, 汁' 등의 中古에 /p/, /t/, /k/의 운미를 지녔던 入聲字가 같이 분류되어 있다.

**曾梗攝 入聲 變化表

韻	例	中原 音韻	韻略 易通	等韻 圖經	五方 元音	現代 (文)	現代 (白)
德	黑	hiy	heq	hiy, he	hay	/	hiy
	刻	khiy	kheq	khe	/	khə	/
	北	pwiy	pweq	pwe, pwiy	pay	/	pwiy
	墨	mwiy	mweq	mwe	/	mwə	/
	得	tiy	teq	te, tiy	/	tə	tiy
	則	ciy	ceq	ce	/	cə	/
陌 麥	客	khyay, khye	kheq	khe	/	khə	/
	隔	kyay	keq	/	kyay	kə	kye
	伯	pway	pweq	pwe	pway	pwə	/
	麥	mway	mweq	mwe	mway	/	mway
	窄	cray	creq	cray	cray	crə	cray
	責	cray	creq	cray	cray	crə	cra
德分 陌麥 合	國	kwiy	kweq	kwe	/	kwə	/
	虢	kway	kweq	kwe	kway	kwə	/
	獲	hway	kweq	hwe	hway	hwə	/

**宕攝 入聲 變化表

韻	例	中原 音韻	韻略 易通	等韻 圖經	五方 元音	現代 (文)	現代 (白)
鐸 覺 藥	各	kaw, koq	koq	ko	ko	kə	/
	覺	kyaw, kywoq	kywoq	kywo	kywo	kywə	kyaw
	桌	crwaw, crwoq	crwoq	crwo	crwo	crwə	/
	腳	kyaw, kywoq	crwoq	crwo	kywo	kywə	kyaw

6.2.3 臻山深咸攝의 변화

臻山深咸 4攝의 入聲字는 唐代로부터 지금까지의 여러 가지 音變 중 비교적 간단할 뿐 아니라, 讀書音과 口語音의 두 방언에서도 거의 일치하고 있다.

6.2.3.1 이들 入聲字가 舒聲이 된 원인도 당연히 운미 /p, t/의 소실에 의해서이다. 讀書音에 대하여 토론할 때에 공식 29과 30을 이용해서 이미 이러한 변화를 표시하였다. 즉 내용은 운미 /p, t/와 /k/가 같이 喉塞韻尾 /q/로 변하였다가 상당한 시간이 흐른 후에는 /q/마저도 결국 소실하였다는 것이다. 口語音에서 /K, k/가 먼저 변하고 난 후 나머지 /p, t/는 어떻게 변하였는가? 직접 소실하였는지 아니면 먼저 /q/로 합류하였다가 후에 소실한 것인지는 알 수 없다.

『中原音韻』에는 臻深 두 攝의 三等開口入聲字(즉 운모가 /yit/, /yip/이었던 글자. 日, 疾, 十, 泣 등)는 모두 齊微韻에 분류되어 있다.16) 여기에서 /yi/의 뒤에서 운미 /p, t/가 /y/로 변하였다고 보아야 할 것이다. 그러나 /p, t/인 상태에서 각각 /y/로 변하였다고 보기는 어렵고 먼저 /q/로 합류한 후에(공식 29의 후에) 다시 이러한 변화가 있었

---

16) 陸志韋는 「釋中原音韻」에서 『中原音韻』의 支思韻에 분류되어 있는 '澁, 瑟, 塞' 등도 齊微韻에 분류되어야 하며 支思韻에는 入聲字가 없어야 한다고 하고 있다. 그러나 그것은 큰 오해에서 비롯된 것 같다. '澁, 瑟'은 等韻시기에서는 內轉照二系의 글자들로서 이미 개음 /y/가 탈락하여 당시의 독음은 각각 /srip/, /srit/였던 것으로 추측된다. 그 후 이들의 운미 /p/와 /t/는 喉塞音韻尾 /q/로 합류하였다가 『中原音韻』에 이르러서는 主要元音이 /i/인 支思韻에 들어간 것으로 보아야 할 것이다. 그러나 이 중 '塞'가 支思韻에 분류되어 있는 연유는 해석하기가 어렵다. 陸志韋가 이렇게 그릇된 해석을 하게 된 데에는 『中原音韻』의 支思韻에 분류된 글자는 오직 이들 세 글자밖에 없어서이거나, '塞'가 『中原音韻』과 비슷한 시기에 유행되었던 八思巴에서는 그 운모가 [-əi]였던 것으로 추측되어 다른 두 글자 '澁, 瑟'도 같은 音變을 했을 것이라는 가정에 의한 것 같다. 그러나 이미 언급하였듯이 等韻시기로부터 『中原音韻』에 이르기까지 '塞'의 音變은 설명하기가 어렵다.

다고 보는 것이 합리적일 것 같다.

$$q \rightarrow y/yɨ \underline{\qquad} \qquad (31)$$

그 후 얼마 되지 않아 다른 攝에 남아있던 /q/도 소실되었다. 이러한 운미의 소실은 적어도 北京 지역에서는 늦어도 『等韻圖經』이 쓰여진 17세기 초 이전에는 완성된 것 같다. 그것은 『等韻圖經』에서는 그 이전 시기의 『韻略易通』이나 『韻略匯通』과는 달리 성조를 平聲, 如聲, 上聲, 去聲으로 분류하고 있는데 여기에서의 如聲이란 平聲과 같다는 의미로서 즉 陽平을 나타내기 때문이다. 다만 『等韻圖經』보다 늦게 쓰여진 『韻略匯通』에 아직도 입성을 분류하고 있는 것은 그것이 체제 면에서 『韻略易通』을 모델로 삼았기도 했고, 당시 백화음에 비해 우세를 점하고 있었던 독서음을 반영하였기 때문인 것으로 생각된다.

6.2.3.2 이들 入聲字들도 운미 /q/가 소실된 후에는 자연히 일반 舒聲字들과 합류하여 공식 17과 21이 대표하는 音變을 거쳐 현재의 독음이 되었다.

6.2.4 舒聲으로 변한 이후의 성조

入聲字는 舒聲으로 변한 이후 자연히 각각 특정한 성조를 가져야만 하였다. 성조의 변화는 성모가 큰 역할을 하였다. 平聲字가 陰陽의 두 류로 분화한 것은 성모의 濁音성분을 조건으로 한 것이다. 入聲字도 그 성모의 성질에 따라 세 가지 다른 성조로 발전하였는데 이에 관하여는 체계적인 기록이 있다. 즉 『中原音韻』의 入派三聲이 바로 그것으로 역시 성모성분을 조건으로 하고 있다. 위의 口語音과 讀書音의 음체계를 가지고 설명하기로 하겠다.

6.2.4.1 口語音에서 入聲字의 변조는 『中原音韻』의 入派三聲을 가지고 설명할 수 있다. 이 책에서는 入聲作平聲陽에 속하는 것은 모두 全濁聲母(즉 성모에 /H/자질을 가지고 있는 것)이고(直, 及, 獨, 白, 學 등), 入聲派去聲에 속하는 것은 모두 次濁聲母(즉 성모에 /R/ 자질을 가지고 있는 것, R:鼻音, 邊音, 顫音, 零聲母)이며(日, 立, 木, 欲, 虐, 納, 肉 등), 入聲作上聲에 속하는 것은 기타 각 류의 성모자(全淸과 次淸, 瑟, 汁, 七, 骨, 則, 脚 등)임을 알 수 있다. 위의 변조 현상을 공식으로 나타내면 다음과 같다.

$$入 \rightarrow \begin{cases} F(2)/H\_\_\_ \\ F(4)/R\_\_\_ \\ F(3) \end{cases} \quad (32)$$

여기에 덧붙여 설명해야할 점은 이 音變은 影母가 소실된 후에 일어났다는 것이다. 왜냐하면, 影母字는 이미 喩母字로 간주되어(즉 零聲母, R에 속함) 去聲으로 읽혔기 때문이다(乙, 郁, 厄, 惡, 鴨 등). 平聲이 陰陽으로 나눠질 때에도 영향을 받지 않아 모두 陽平으로 변하였다. 만약 影母가 소실되기 전에 일어났다면 이들 입성자는 성모가 청성모인 [?]였기 때문에 上聲으로 변하였을 것이며, 평성에서도 陰平으로 변하였을 것이다.

6.2.4.2 讀書音에서 入聲字의 변조는 現代北京語를 기준으로 해서 보면 무척 복잡해진다. 기본적으로 이것도 口語音에서의 방식과 매우 유사하며 全濁聲母는 陽平으로, 次濁聲母는 去聲으로 변하였다. 이 점에 대해서는 現代北京語에서도 거의 예외가 없다. 즉 위의 두 공식이 現代北京

語에서는 그대로 적용된다고 할 수 있다(木, 舌 등). 그러나 淸音聲母字는 오히려 上聲으로 읽히는 것이 아니라 임의대로 변한 글자가 많다(割/kə/, 合/hə/ 등). 이렇게 淸音聲母 入聲字가 임의의 성조로 변하는 상황은 徐孝의 『等韻圖經』이 잘 반영해주고 있다. 『等韻圖經』에서는 入聲字의 舒聲字로의 변화 상황이 『中原音韻』과는 크게 다르다. 『中原音韻』에서는 위의 공식대로 성모가 무성음인 入聲字는 전부 上聲에 속하고 있으나, 『等韻圖經』과 現代北京語에서는 陰平, 陽平, 上聲, 去聲의 각 조에 나뉘어 속하고 있으며, 『等韻圖經』에서는 약 60% 가량이 去聲에 분류되고 있다. 그러나 이렇게 나뉘어 속하게 되는 것을 결정하는 조건이 무엇인지는 자세히 알 수 없으나 아마도 사회적인 요소와 방언적인 요소가 강하게 작용한 것 같다. 『中原音韻』, 『等韻圖經』, 現代北京語에 있어서 성조와 中古漢語의 성조와의 관계를 도표로 나타내면 다음과 같다.

『中原音韻』

中古漢語 聲母 / 聲調	淸		濁	
	全	次	次	全
平	陰平		陽平	
上	上			
去	去			
入	上		去	陽

『等韻圖經』

中古漢語 聲母 / 聲調	淸		濁	
	全	次	次	全
平	陰平		陽平	
上	上			
去	去			
入	各聲		去	如

現代北京語

中古漢語 聲母 / 聲調	淸		濁	
	全	次	次	全
平	陰平		陽平	
上	上			
去	去			
入	各聲		去	陽

그러나 아직 『等韻圖經』과 現代北京語 사이에도 차이가 존재한다. 去聲에 속하는 음절은 『等韻圖經』에서는 전체의 약 60%가 되나, 現代北京語에서는 약 40%밖에 되지 않는다. 다른 舒聲字가 『中原音韻』 이후 現代에 이르기까지 별다른 변화를 보이지 않은 반면 특히 이러한 入聲字에서만 이러한 변화가 나타났다는 것은 매우 특이한 현상이다. 이러한 점도 『中原音韻』의 入派三聲은 백화음에서 일어난 현상이고 독서음은 그 영향을 받지 않고 있다가 명대에 이르러 운미가 탈락하면서 舒聲字로 변하였다는 하나의 증거가 될 수 있다. 즉 이러한 독서음에서의 入聲字들이 『中原音韻』 시절에는 여전히 入聲으로 읽히고 있다가 완전히 舒聲化한 것은 그 이후였기 때문에 위의 공식이 나타내는 音變의 영향을 받지 않았다고 할 수 있다.

제 **7** 장 結論

    지금까지 『中原音韻』이 대표하는 古官話 音系로부터 現代北京語에 이르는 近世官話音系에 있어서 音韻의 통시적인 변화 상황을 살펴보았다. 이러한 연구는 이 시기의 여러 주요 자료들에 반영된 音系에 대한 재해석이라 할 수 있다. 그러나 이러한 재해석을 어떻게 하느냐에 따라 서로 다른 결론이 나올 수도 있을 것이다. 본 연구에서는 音韻을 지금까지의 연구와는 달리 더 엄밀하게 분석하고, 그리고 각 자료들에 반영된 音系를 音韻 변화의 흐름 가운데의 한 과정으로 간주하여 音韻의 史的인 변화과정을 새로이 해석하였다. 물론 이러한 과정에서 각 자료들이 지니는 한계는 극복할 수 있었고, 音變의 원인, 音變의 순서 등을 비교적 합리적으로 살필 수 있었다.

    그러면 여기에서는 近世官話의 변화과정 중 聲母, 韻母, 聲調의 변화과정에서 나타난 특징을 살펴보고 나아가 각 音變 현상이 역사적으로 어떠한 순서에 의해 발생하였는가 등을 정리해 보기로 하겠다.

7.1 聲, 韻, 調 변화상의 특징

7.1.1 聲母

聲母音韻의 변화과정에서 나타난 두드러진 특징은 다음과 같이 정리될 수 있다.

첫째, 中古 微母(/v/)가 零聲母化하였다. 『中原音韻』에서는 '微, 薇'와 '圍, 韋'가 서로 다른 同音字群에 포함되어 변별적이었으나, 이후 微母가 완전히 零聲母化한 결과 이들이 동음이 되었다.

둘째, 中古 照二三系의 성모가 완전히 합류하였다. 이 두 系의 성모는 『中原音韻』시대에 이미 합류하였으나 照三系의 성모는 여전히 개음 /y/와 결합할 수 있었다. 이후 近世官話의 변화 과정에서 이들 照三系의 성모는 개음 /y/와는 결합을 할 수 없게 된 것이다. 이 音變의 결과로 『中原音韻』에서는 齊微韻이었던 '知/cryiy, 制/cryiy/'는 '支/cri/'와, '世/sryiy/'는 '師/sri/'와 동음이 되어 支思韻으로 변하였고[1], 眞文韻에서는 '眞/cryin/, 申/sryin/' 등이 '臻/crin/, 莘/srin/' 등과 각각 동음이 되었다. 그리고 庚靑韻에서는 '正/cryin/, 聲/sryin/' 등이 '爭/crin/, 生/srin/' 등과, 魚模韻에서는 '除/crhywi/, 書/srywi/' 등이 '初/crhwi/, 疏/srwi/' 등과 각각 동음이 되었다.

셋째, 精系와 見系 성모의 顎化이다. 언급한 바와 같이 照三系의 성모가 개음 /y/와 결합할 수 없게 되자 개음 /y/의 입장에서 보면 결합할 수 있는 擦音 성분을 지닌, 즉 [-palatal] 자질을 지닌 성모를 잃게 된 셈이다. 이리하여 이러한 顎化 현상은 그 빈자리를 메워 주는 일종의 끌기연쇄(drag chain)로 해석할 수 있었다. 이 音變의 결과로 '西/syi/:希

---

[1] 물론 운미 /y/가 탈락하는 변화가 있었으나, 이는 운모의 변화에서 언급될 것이다.

/hyɨ/, 際/cyɨ/:季/kyɨ/, 妻/chyɨ/:欺/khyɨ/'로 대립되었던 쌍이 각각 동음이 되었다.

다섯째, 零聲母 중 운모와 성조가 /ywiŋ^{02}/인 음절에서 개음 /y/가 탈락하고 성모 /r/이 그것을 대신하였다는 점이다. 이러한 音變은 대부분의 학자들은 불규칙적인 것이라 간주하였으나 이것은 어음 변화의 전체적인 구조를 함께 살펴보게 되면 여기에도 규율이 있다는 것을 알 수 있었다. 그러나 이러한 변화의 결과로서 '容, 榮/ywiŋ/' 등이 /rwiŋ/으로 변하였다.

7.1.2 韻母

近世官話音系에서 운모의 변화과정 중 나타나는 가장 두드러진 특징은 운미에 있어서는 閉口韻의 소실과 主要元音에 있어서는 『中原音韻』의 /ɨ, e, a, o/의 4원음체계에서 現代北京語의 /ɨ, ə, a/ 3원음체계로 簡化하였다는 사실이다. 이 과정에서 우리가 살펴볼 수 있는 것은 '원음의 이동현상(Vowel Shift)'으로서 그 이동한 상황은 다음과 같이 정리될 수 있다.

첫째, 閉口韻이 소실되어 抵顎韻과 합류하였다. 즉『中原音韻』의 侵尋, 監咸, 廉纖韻은 眞文, 寒山, 先天韻과 각각 합류하여 閉口韻은 이후 이들 抵顎韻과 변화를 같이 하였다. 물론 성모가 唇音인 閉口韻에서는 운미 /-m/이 『中原音韻』 이전에 이미 異化作用으로 인하여 /-n/으로 변하였다. 이렇게 閉口韻이 소실됨에 따라 '監/kyam/:見/kyan/', '侵/chyim/:親/chyin/', '甘/kam/:干/kan/' 등 변별적이었던 음절이 동음이 되었다.

둘째, 『中原音韻』의 抵顎韻 중 寒山, 桓歡, 先天韻이 하나로 합류하

였다. 즉 主要元音이 /e/(先天韻)와 /o/(桓歡韻)인 主要元音이 /a/(寒山韻)인 抵顎韻으로 변한 것이다. 이러한 音變은 이들 세 韻이 徐孝의 『等韻圖經』의 山攝에 합쳐진 것으로부터 알 수 있는데, 이로 인하여 '堅/kyen/:間/kyan/', '官/kwon/-關/kwan/' 등이 동음이 되었다.

셋째, 『中原音韻』의 穿鼻韻인 東鐘韻과 庚靑韻이 합류하였다. 『中原音韻』에서는 이들 두 운은 主要元音이 舌位의 高低로서 서로 대립 관계에 있었으나, 이들이 합류하면서 現代北京語에서의 穿鼻韻은 主要元音이 高元音(/i/)으로 高化하였다. 현대북경어에서 '東/twiŋ/:燈/tiŋ/', '中/crwiŋ/:爭/criŋ/'으로 마치 대립되는 것 같이 보이나, 이들은 동일한 韻基의 開口呼와 合口呼로서 音韻論的인 관점에서 본다면 相補的 分布를 이루어 동일한 音韻으로 간주할 수 있다.

넷째, 齊微韻 중 운기가 /-yiy/인 음절에서 운미 /y/가 탈락한 것이다. 즉 '齊, 皮, 西' 등과 '灰, 微, 堆' 등은 『中原音韻』에서는 같이 齊微韻에 속하여 서로 압운을 할 수 있었으나 이 音變의 결과로 이들은 서로 압운을 할 수 없게 되었다.

다섯째, 十三轍의 懷來轍 중 '街, 介, 鞋' 등 일부의 글자가 원래의 운모 /-yay/에서 /-ye/로 변하여 乜斜轍로 합류하였다. 그러나 '挨, 涯' 등 零聲母인 음절은 영향을 받지 않고 있다가 최근에 와서야 비로소 개음 /y/와 운미 /y/ 중 하나가 탈락하는 특이한 변화를 하고 있다.

여섯째, 十三轍의 梭坡轍과 乜斜轍은 主要元音이 각각 /o/와 /e/로 서로 대립되었으나 그 이후 합류하여 主要元音이 /ə/로 변하였다. 이로 인하여 '嗟/cye/, 奢/sre/, 靴/hywe/' 등과 '歌/ko/, 磋/chwo/, 娑/swo/' 등은 이전의 대립관계에서 主要元音이 모두 /ə/로 변하여 같이 압운을 할 수 있게 되었다. 여기에는 물론 十三轍의 懷來轍에서 乜斜轍로 變한 '街, 介, 鞋' 등도 포함된다.

앞에서 언급한 『中原音韻』의 /i, e, o, a/의 4원음체계에서 現代北京語의 /i, ə, a/ 3원음체계로 변하는 원음의 이동현상은 이 音變을 마지막으로 하여 완성되었다고 할 수 있다. 이 과정에서 볼 수 있는 것은 抵顎韻에서는 혀의 위치가 가운데인 /e, o/가 低元音인 /a/로 합류하면서 변하였고, 穿鼻韻에서는 /e/가 高元音인 /i/로 변하였으며, 直音韻에서는 前後로 대립이 되던 /e, o/가 중앙원음인 /ə/로 변하였다는 점이다.

7.1.3 성조

『中原音韻』에서는 성조를 陰平, 陽平, 上聲, 去聲으로 분류하고 이전의 입성은 다른 三聲에 派入시켰다. 이렇게 분류한 調類는 現代北京語와 다른 점이 없지만 調値는 演變과정 중에 물론 많은 변화가 있었을 것으로 추측된다. 그러나 그 변화에 대하여서는 현재로서는 알 길이 없다. 다만 『中原音韻』에서는 入聲을 다른 三聲에 派入시켰기 때문에 당시에 入聲이 존재하였느냐의 여부에 대해서는 학자들 사이에 異見이 많다. 그러나 『中原音韻』의 운보를 자세히 검토하고 전후 시기의 자료들에 반영된 상황을 종합해보면 당시에도 입성이 존재하였음이 분명하다. 元代에도 다른 시기와 마찬가지로 口語音과 讀書音의 두 가지 체계의 方音이 존재하였는데 元代에는 口語音이 우세를 점하여 표준어의 위치를 차지하고 있었지만 讀書音의 영향력도 상당하였기 때문에 周德清은 특히 이 入聲에 관하여 불명확한 설명을 하기도 하였고 어떤 경우에는 入聲의 口語音과 讀書音에서의 두 가지 讀音을 다 반영하기도 하였고 그렇지 못한 경우도 있었다. 明清시대에는 讀書音이 다시 표준어의 위치를 되찾았기 때문에 그 때에 쓰여진 韻書, 혹은 韻圖에서는 入聲字를 그대로 반영하였으며 民國 이후 國語統一運動 당시 標準 常用 字彙를 공포할 때에도 讀書音이 압도적인 우세를 차지하였다. 그러나 일부 상용되던 음절 '黑, 白, 賊, 北, 六, 肉' 등은 여전히 口語音에서의 讀音이 표준이 된 것이다.

7.2 近世官話 音韻의 변화 순서

近世官話音系의 변화과정 중 이상에서 언급한 여러 가지 音變을 시기 순으로 다시 정리하면 다음과 같다.

1) ŋ → 0/#___	(공식 4)	中古 疑母의 零聲母化
2) m → n/V___	(공식 7)	閉口韻이 소실하여 侵尋이 眞文에, 監咸이 寒山에, 廉纖이 先天에 합류
3) v → 0/#___	(공식 1)	中古 微母의 零聲母化
4) e → i/___ŋ	(공식 14)	『中原音韻』의 庚青과 東中이 『等韻圖經』에서 通攝에 합류
5) $\begin{matrix}o\\e\end{matrix}$ → a/___n	(공식 12)	『中原音韻』의 寒山, 桓歡, 先天이 『等韻圖經』에서 山攝에 합류
6) y → 0/yɨ___	(공식 17)	'齊'와 같은 글자들이 『中原音韻』의 齊微韻에서 十三轍의 一七韻으로 옮겨감
7) q → 0/V___	(공식 30)	讀書音에서 入聲韻尾 탈락
8) #ri# → #ir#	(공식 22)	兒化韻의 산생

9) y → 0/r____	(공식 3)	照三系 성모와 개음 /y/가 결합 불가
10) w → 0/ $\begin{Bmatrix} l \\ n\_\_\_iy \end{Bmatrix}$	(공식18)	『中原音韻』의 齊微韻에서 合口音이었던 '雷, 內' 등의 開口化
11) y → 0/l___wɨ $\begin{Bmatrix} n \\ ŋ \end{Bmatrix}$	(공식13)	'龍倫' 등의 개음 /y/ 탈락
12) $\begin{Bmatrix} c \\ ch \\ s \end{Bmatrix}$ → $\begin{Bmatrix} k \\ kh \\ h \end{Bmatrix}$/___y	(공식5)	精系와 見系의 顎化
13) ay → ə/Cy____ (C: 喉牙音)	(공식 19)	懷來韻의 零聲母가 아닌 글자들이 乜斜韻으로 옮아감
14) y → r/____wiŋ⁰²	(공식 6)	'容' 등의 성모가 零聲母에서 日母로 변함
15) y → 0/#____ay 혹은 y → 0/# ya____	(공식 20)	懷來韻의 零聲母인 글자들에서 개음 /y/ 혹은 운미 /y/ 탈락
16) $\begin{Bmatrix} o \\ e \end{Bmatrix}$ → ə/____#	(공식 21)	十三轍의 梭坡韻과 乜斜韻이 합류

7.3 音變 규율성의 재검토

　지금까지 "音變에는 규율이 있다"는 가정 하에서 近世官話音系의 音韻의 연변과정을 살펴보았다. 그러면 모든 音變에는 규율이 있고 과연 예외적인 음변은 없는가에 대해서 검토해 볼 필요가 있겠다. 이러한 "音變에는 규율이 있다"라는 가정은 19세기 독일의 젊은이어법학파(Neo-Gramarian)에 의해서 세워진 가설이다. 이들은 예외적인 音變의 일체를 부정하며, 심지어 예외적인 음변이 있다 하더라도 거기에는 반드시 규율이 있다고까지 자신에 가득 차있었다. 그러나 音變에는 여러 가지 설명 못할 원인들로 인하여 예외적인 것이 없을 수 없다. 1969년 미국의 William S-Y.Wang(王士元)은 이러한 예외적인 音變이 일어나는 원인을 '語彙擴散(Lexical Diffusion)' 이론을 가지고 설명하면서 젊은이어법학자들의 가설에 반기를 들고 나왔다.[2] 그의 이론에 의하면 어떠한 음의 변화가 일단 발생하였을 때에는 이러한 변화가 즉시 그 音變의 조건을 갖추고 있는 모든 어휘에서 동시에 일어나는 것이 아니라 점진적으로 하나의 어휘에서 다른 하나의 어휘로 확산되어 간다는 것이다. 이리하여 만약 이러한 音變이 모든 어휘에서 발생하려면 상당히 오랜 시간이 걸리게 되는데, 이러한 긴 시간이 흐르는 동안 이 音變 규율은 점점 자신의 동력을 잃어 그 영향력이 미치지 않는 어휘가 있게 되며 이러한 어휘들은 곧 그 音變에 참가하지 못하게 된다. 따라서 이들은 '殘餘的인 예외(Residue)'로 남게 되며 이러한 연고로 예외적인 音變이 생길 수 있다는 것이다.[3]

---

[2] Willam S-Y.Wang, Competing Changes as a Cause of Residue, *Language* 45(1969), pp.9-25.
[3] 중국어의 통시적 변화과정에서 보이는 어휘확산현상에 관해서는 拙稿「從朝鮮時代資料看近代漢語詞彙擴散過程」,『中國言語研究』第20卷, pp.1-17참조.

물론 이러한 이론을 가지고서도 近世官話音系의 변화과정에서 생기는 예외적인 音變을 설명하기에 충분하리라 생각된다. 예를 들면 공식 13이 나타내는 音變은 먼저 /c/와 /s/를 성모로 취하는 음절에서 시작하였으나 곧 거기에서는 영향력을 소실하고 그 후에 /l/을 성모로 취하는 음절에서 완성된 것이 그 좋은 예라 하겠다. 그러나 이 글을 통하여 연구를 진행하면서 얻은 결론은 이러한 예외적인 音變은 語彙擴散에 의해서 발생한 것뿐만 아니라 漢字라는 중국 문자의 특징에서 기인하는 類化現象(Analogical Change)에 의해서 발생하는 경우도 많다는 것을 발견하였다. 소위 類化現象이란 하나의 음이 다른 음에 흡수되어 규율에 어긋나게 흡수한 그 음으로 변하는 현상을 말한다. 몇 가지 예를 들어 보기로 하자.

例	『中原音韻』	現代北京語	원인
賃	/nyim/	/rin/	任에 의한 類化
紉	/nyin/	/rin/	刃에 의한 類化
竣	/sywin/	/kywin/	俊駿에 의한 類化
戔	/chan/	/kyan/	箋에 의한 類化
捶	/crwiy/	/crhwiy/	垂에 의한 類化
箠	/crwiy/	/crhwiy/	垂에 의한 類化
茱	/srwi/	/crwi/	朱에 의한 類化
銖	/srwi/	/crwi/	朱에 의한 類化
慵	/crhywin/	/ywin/	庸에 의한 類化
誆	/kwaŋ/	/khwaŋ/	狂에 의한 類化
莖	/hen/	/kyiŋ/	經涇에 의한 類化
泓	/wiŋ/	/hwiŋ/	弘에 의한 類化
彗	/swiy/	/hwiy/	慧에 의한 類化
瀕	/phyin/	/pyin/	濱에 의한 類化
鼕	/thwiŋ/	/twiŋ/	冬에 의한 類化

『中原音韻』에 실려 있지 않은 글자까지 살펴본다면 이 類化현상에 의하여 발생한 규율에 어긋나는 音變의 예는 더욱 많아질 것이다. 따라서 모든 音變에는 반드시 규율이 있는 것이 아니라 예외적인 音變도 발생할 수 있으며 중국어에서는 漢字라는 특징으로 인하여 생겨나는 예외적인 音變은 다른 어느 언어보다도 많다는 것을 알 수 있다.

7.4 『中原音韻』과 現代北京語와의 관계

『中原音韻』은 元代 中原音의 실록이다. 지금까지 『中原音韻』이 대표하는 古官話로부터 現代北京語에 이르는 近世官話音系의 音韻 演變 상황을 고찰하여 보았다. 近世官話音系의 音韻 演變 과정에서 몇 가지 예외를 제외하고는 모두 일정한 音變 규율에 의해서 변화하고 있다는 것을 증명하였고, 또 예외적인 音變이 생기는 원인도 설명할 수 있었다. 그런 의미에서 『中原音韻』이 대표하는 古官話는 바로 現代北京語의 祖語라고 단언할 수 있겠으며, 반대로 중국에서 표준적인 위치를 차지하고 있는 現代北京語는 北方지역의 언어가 줄곧 변화하여 형성된 것임을 알 수 있었다.

이 연구는 여태까지 다른 학자들이 연구해 온 것과는 다른 방법을 택하였다. 그리고 각 자료에 반영된 하나하나의 音系에 얽매이지 않고 史的인 흐름을 중시하여 분석하였다. 그런 결과 近世 官話 音系의 音韻의 변화 상황을 보다 합리적이고 체계적으로 정리할 수 있었다는 데에서 의미를 찾을 수 있을 것 같다. 물론 이보다 더 보편타당한 결론을 얻을 수 있는 방법이 있을 것이다. 그러한 방법이 채택되어 다시 이러한 연구를 진행할 때 여기에서의 연구 결과가 하나의 밑거름이 될 수 있으면 하는 바람이다.

參考文獻

Ⅰ. 工具書類

이정민, 배영남(1982), 『언어학사전』, 한신문화사.
周德淸原著, 許世瑛校訂(1986), 『音注中原音韻』, 廣文書局.
畢拱宸, 蘭茂, 『韻略易通 韻略匯通』, 廣文書局, 1972.
丁度, 『集韻』上, 下, 上海古籍出版社, 1985.
戈載, 『詞林正韻』, 上海古籍出版社, 2009.
陳彭年 等, 『大宋重修廣韻』, 弘道文化事業有限公司印行, 1972.
撰者未詳, 『等韻五種』, 藝文印書館, 1989.
沈乘麟, 『韻學驪珠』, 廣文書局, 1970.
樊騰鳳, 『五方元音』, 年希堯(雍正5年改修本).
王雲五主編, 『圓音正考』, 台灣商務印書館, 1792.
張洵如編著, 『北平音系十三轍』(魏建功校), 中國大辭典編纂處, 1937.
_____ 『北平音系小轍編』(何容校), 開明書店影印, 1956.
北京大學中國語言文學系 語言學教研室編, 『漢語方言字匯』, 1962.

Ⅱ. 單行本類

金芳漢(1988), 『歷史-比較言語學』, 民音社.
李基文, 金鎮宇, 李相億(1989), 『國語音韻論』, 學研社.
高本漢 著, 李方桂, 趙元任 譯(1975), 『中國音韻學研究』, 台灣商務印書館.
楊耐思(1981), 『中原音韻音系』, 中國社會科學出版社.
李榮(1952), 『切韻音系』, 中國科學院印行.
董同龢(1968), 『漢語音韻學』, 台灣學生書局.
李新魁(1983a), 『漢語等韻學』, 北京中華書局.
_____(1983b), 『中原音韻音系研究』, 中州書畫社.
趙元任(1982), 『語言問題』, 台灣商務印書館.
何大安(1987), 『聲韻學中的觀念和方法』, 大安出版社.

(1988),『規律與方向:變遷中的音韻結構』, 史語所專刊之九十.
王力(1957),『漢語史稿』, 北京中華書局.
　　　　(1979),『漢語音韻』, 北京中華書局.
　　　　(1981),『漢語音韻學』, 北京中華書局.
　　　　(1985),『漢語語音史』, 中國社會科學出版社.
　　　　(1996),『中國語言學史』, 五南圖書出版公司.
王力 著, 李鐘振, 李鴻鎭共譯(1983),『中國語言學史』, 啟明大學出版部.
陸志韋(1988),『陸志韋近代漢語音韻論集』, 商務印書館.
趙誠(1980),『中國古代韻書』, 北京中華書局.
周振寶(1986),『音韻學』, 湖南人民出版社.
李思敬(1986),『漢語"兒"音史研究』, 北京商務印書館.
藤堂明保(1957),『中國語音韻論』, 江南書院.
董少文(1988),『語音常識』, 上海教育出版社.
康寔鎭(1985),『老乞大·朴通事硏究』, 國立台灣師大博士論文.
蔡瑛純(1986),『從朝鮮對譯資料考近代漢語音韻之變遷』, 國立台灣師大博士論文.
葉蜚聲等(1981),『語言學綱要』, 北京大學出版社.
鄭再發(1965),『蒙古字韻跟八思巴字有關的韻書』, 國立台灣大學文史叢刊 15.
史存直(1981),『漢語語音史綱要』, 北京商務印書館.
周斌武(1987),『漢語音韻學史略』, 安徽教育出版社.
魏岫明(1987),『國語演變之研究』, 國立台灣大學文史叢刊之六十七.
李榮(1963),『漢語方言調查手冊』, 科學出版社.
趙蔭棠(1985),『等韻源流』(台灣文史哲出版社影印本, 1985)
　　　　(1956),『中原音韻研究』, 上海商務印書館.
羅常培(1950),『北京俗曲百種摘要』, 來薰閣書店.
　　　　(1977),『漢語音韻學導論』, 香港太平書局.
　　　　(1978),『羅常培語言學論文選集』, 九思出版社.
薛鳳生(1986),『北平音系解析』, 北京語言學院出版社.
　　　　(1990),『中原音韻音位系統』, 北京語言學院出版社.
孔仲溫(1987),『韻鏡研究』, 台灣學生書局.
邵榮芬(1982),『切韻研究』, 中國社會科學出版社.

閆克朝(1982), 『入聲』, 湖南人民出版社.
杜其容(2008), 『杜其容聲韻論集』, 中華書局.
姜信沆(2003), 『韓漢音韻史研究』, 태학사.
文璇奎(1982), 『中國古代音韻論』, 民音社.
楊亦鳴(2010), 『楊亦鳴自選集』, 鳳凰出版社.
Yuen Ren Chao(1968), *A Grammar of Spoken Chinese*, University of California Press.
Chin-Chuan Cheng(1973), *A Synchronic Phonology of Mandarin Chinese*, Mouton, The Hague.
F.S.Hsueh(1975), *Phonology of Old Mandarin*, Mouton, The Hague.
E.G.Pulleyblank(1984), *Middle Chinese: A Study in Historical Phonology*, Univ. of British Columbia Press.
Jacobson, R.G.Fant and H. Halle.(1952) *PRELEMINARIES TO SPEECH ANALASIS; The Distinctive features and their Correlates*, The M.I.T.Press.

Ⅲ. 論文集
王力(1979), 「現代漢語語音分析中的幾個問題」, 『中國語文』 4.
＿＿(1983), 「漢語語音史上的條件音變」, 『語言研究』 1.
魯國堯(1984), 「明代官話及其基礎方言問題」, 『南京大學學報』 4.
郭振生(1986), 「漢語歷史音變過程中的同化現象」, 『河南大學學報』 5.
李新魁(1982), 「記表現山西方音的西儒耳目資」, 『語文研究』 1.
＿＿＿(1986), 「論內外轉」, 『音韻學研究』 第二輯.
丁邦新(1978), 「老乞大諺解, 朴通事諺解序」, 聯經出版社.
李濤(1955), 「試論尖團音的合」, 『中國語文』 7.
孟遂良(1957), 「論尖音和團音」, 『語文知識』 3.
李濤(1957), 「尖音系統不應該恢復一駁」, 『中國語文』 6.
鄭再發(1966), 「漢語音韻史的分期問題」, 歷史語言研究所集刊 36.
楊自翔「李氏音鑒所反影的北京語音體系」, 『語言研究論叢』第四輯, 南開大學中文系『語言研究論叢』編委會編.
徐寶華, 潘悟云(1985), 「不規則中的潛語音條件」, 『語言研究』 1.
金周生(1982), 「元曲暨中原音韻東鐘庚青二韻互見字研究」, 『輔仁學誌』 6.

_____(1984),『中原音韻入聲多音字音證』,『輔仁學誌』8.
許世瑛(1970),「朱熹口中已有舌尖前高元音說」,『淡江學報』第九期.
趙少咸, 殷孟倫(1957),「批判胡適的入聲考」,『山東大學學報』第一期.
殷煥先(1986),「近古聲母的顎化問題」,『徐州師範學院學報』第一期.
杜其容(1976),「論中古聲調」,『中華文化復興月刊』第九卷 第三期(杜其容 2008 재수록)
龍庄偉(1988),「略說五方元音」,『河北師院學報』第二期.
黃炳輝(1981),「中古涯字韻屬證」,『語文研究』第一期.
劉靜(1986),「中原音韻音系無入聲新探」,『陝西師大學報』第三期.
姜信沆(1980),「依據朝鮮資料略記近代漢語語音史」,『歷史語言研究所集刊』51.3(姜信沆 2003 재수록)
丁邦新(1981),「與中原音韻相關的幾種方言現象」,『歷史語言研究所集刊』52.4.
張世祿(1984),「中國語音系統的演變」,『張世祿語言學論文集』,學林出版社.
李榮(1965),「評哈忒門(Hartman)和霍凱特(Hockett)對北京語音分析」,『中國語文』3.
唐虞(1929),「兒音的演變」,『歷史語言研究所集刊』第二本 第四分.
陸志韋(1946),「釋《中原音韻》」,『燕京學報』第三十一期(陸志韋 1988에 재수록).
_____(1947),「記徐孝《重訂司馬溫公等韻圖經》」,『燕京學報』第三十二期(陸志韋 1988에 재수록).
_____(1947),「金尼閣《西儒耳目資》所記的音」,『燕京學報』第三十三期(陸志韋 1988에 재수록).
_____(1947),「記畢拱宸《韻略匯通》」,『燕京學報』第三十三期(陸志韋 1988에 재수록).
_____(1947),「記蘭茂韻略易通」,『燕京學報』第三十二期(陸志韋 1988에 재수록).
_____(1948),「記五方元音」,『燕京學報』第三十四期(陸志韋 1988에 재수록).
_____(1948),「國語入聲演變小注」,『燕京學報』第三十四期(陸志韋 1988에 재수록).

俞敏(1986), 「現代北京話和元大都話」, 『中國語學』 238.
忌浮(1964), 「中原音韻二十五聲母集說」, 『中國語文』 5.
_____(1986), 「中原音韻的調值」, 『語言研究』 1.
遠籐光曉 「翻譯〈老乞大〉〈朴通事〉裡的漢語聲調」, 『語言學論叢』第十三
　　輯, 北京大學中文系『語言學論叢』編委會編, pp.162-182
周世織(1986), 「論切韻指掌圖中的入聲」, 『語言研究』 2.
楊福綿(1983), 「利瑪竇對中國語言的貢獻」, 公教報. 主歷 1983年 1月 14日
　　特稿.
張靜(1957), 「談北京話的音位」, 『中國語文』 2.
陳治文(1965), 「關於北京話裡兒化的來源」, 『中國語文』 5.
羅常培(1930), 「耶穌會士在音韻學上的貢獻」, 『歷史語言研究所集刊』 1.3.
_____(1932), 「中原音韻聲類考」, 『歷史語言研究所集刊』 2.4(羅常培 1978
　　에 재수록).
_____(1935), 「京劇中的幾個音韻問題」, 羅常培 1978.
_____(1978), 「北京俗曲百種摘韻再版自序」, 羅常培 1978.
胡雙寶(1965), 「談京劇現代戲的字音和韻轍」, 『中國語文』 2.
尚靜(1966), 「關於北京話裡兒化的來源」, 『中國語文』 1.
鄭錦全(1980), 「明清韻書字母的介音與北音顎化源流的探討」, 『書目季刊』
　　14.2.
馮蒸(1984), 「《圓音正考》及其相關諸問題」, 『古漢語研究論文集』(二), 北
　　京出版社.
胡明揚(1963), 「老乞大諺解和朴通事中所見的漢語、朝鮮對音」, 『中國語
　　文』 3.
楊耐思(1957), 「談周德清的中原音韻」, 『中國語文』 11.
_____(1981), 「近代漢語-m的轉化」, 『語言學論叢』第七輯, 北京大學中文
　　系『語言研究論叢』編委會編.
_____(1989), 「元代漢語的濁聲母」, 『中國語言學報』第三期.
將希文(1983), 「從現代方言論中古知莊章三組聲母在中原音韻裡的讀音」,
　　『中國語言學報』第一期.
楊秀芳(1987), 「論交泰韻所映的一種明代方音」, 『漢學研究』第五卷 第二
　　期.
Dragunov, Dragunova:龍果夫, 龍果娃(1958), 「漢語普通話的音節結構」,

『中國語文』 11.
廖珣卿(1963),「關漢卿戲曲的用韻」,『中國語文』 4.
_____(1983), 廖珣卿,「試論中原音韻的語音基礎」,『語文雜誌』 4(第十期).
趙遐秋, 曾慶瑞(1962),「中原音韻音系的基礎和入派三聲的性質」,『中國語文』 7.
唐作藩(1982),「評楊耐思《中原音韻音系》」,『語文研究』 第二輯(總第五輯).
周祖謨(1958),「關於唐代方言中四聲讀法之一些資料」『問學集』 上冊(1966).
楊道經(1957),「談西儒耳目資」,『中國語文』 4.
謝雲飛(1968),「明顯四聲等韻圖之研究」,『慶祝高郵高仲華先生六秩誕辰論文集』.
_____(1972),「漢語音韻字母源流」,『南洋大學學報』 第七期.
_____(1974-5),「金尼閣西儒耳目資析論」,『南洋大學學報』 第八及第九期.
王爲民(2017),「滿文文獻與尖團音問題」,『中國語文』 第3期(總 378期).
藤堂明保(1952),「官話の成立過程から見た西儒耳目資」,『東方學』 5.
_____(1954),「中國語の史的音韻論」,『日本中國學會報』 6,
_____(1960),「ki-とtsiの混同は18世紀に始まる」,『中國語學』 92號.
_____(1966),「北方話音系的演變」,『中國語學』 162號.
_____(1969),「近代北方の漢語の音系」,『中國語學新辭典』 Ⅶ 語史.
平山久雄(1960),「中古入聲と北京語聲調の對應通則」,『日本中國學會報』 第二十集.
李在敦(1993),「四聲通解에 반영된 16세기 중국어 음계 연구」,『中國文學』 21.
_____(1997),「重訂司馬溫公等韻圖經研究」,『中國文學』 27.
_____(1998),「現代北京語의 文白異讀현상 연구」,『中國文學』 30.
_____(1999),「崔世珍의 중국어 음운학 연구」,『中國學報』 40.
_____(2000),「조선초기의 중국어 음운학 연구에 관하여」,『中語中文學』 26.
_____(2005),「從朝鮮時代資料看近代漢語詞彙擴散過程」,『中國言語研究』 20.
永島榮一郎(1941),「近世支那語特に北方語系統に於ける音韻史資料に就いて(續)」,『言語研究』 9號.

小川環樹(1977), 「蘇東坡古詩用韻考」, 『中國語學研究』, 創文社.
Halle(1962), Phonology in Generative Grammar, *Word* 18.
Martinet, A.(1952). Function, Structure, and Sound Change, *Word* 8.
Pang-Hsin Ting: F.S.Hsueh's Phonology of Old Mandarin, (book review), *Journal of American Oriental Society* Vol.100, No.1.
Todo Akiyasu(1964), Development of Mandarin from 14c. to 19c, *Acta Asiatica* 6.
Cheng, Robert L.(1966), Mandarin Phonological Structure, *Journal of Linguistics*, Vol.2, No.2.
Lawton M. Hartman 3D(1944), The Segmental Phonemes of Peiping Dialect, *Language* 20.
Hockett, Charles F.(1947), Peiping Phonology, *Journal of American oriental Society* 67.
Hockett, Charles F.(1950), Peiping Morphophonemics, *Language* 26.
Tsu-lin Mei(1977), Tones and tone sandhi in 16th centry Mandarin, *Journal of Chinese Linguistics* 5:2.
Hashimoto, Mantaro Joseph(1970), Internal Evidence for Ancient Chinese Palatal Endings, *Language* 46.2, Part 1.
William S-Y.Wang(1967), Phonological Features of Tone, *International Journal of American Linguistics* 33.
Yuen-Ren, Chao(1934), The Non-uniqueness of Phonemic solutions of Phonetic Systems, 『歷史語言研究所集刊』 4.4.
Hugh M.Stimson(1962), Phonology of the Chung-Yuan Yin Yun, 『清華學報』 n.s.3, No.1.
_____(1962), Ancient chinese -p, -t, -k Endings in the Peking Dialect, *Language* Vol.28 No.4.
R.A.D.Forrest(1949-51), The Ju-Sheng Tone in Pekingese, *Bulletin of the School of Oriental and African Studies* Vol.13.
Fang Kuei Li(1977), Laryngeal Features and Tone Development, *Working Papers in Linguistics*.

지은이 소개

● 이재돈

　서울대학교 인문대학 중어중문학과 졸업(문학박사)
　전북대학교 중어중문학과 교수
　臺灣 國立中央硏究院 歷史語言硏究所 訪問學者
　미국 UC Berkeley 중국학센터 방문교수
　현재 이화여자대학교 중어중문학과 교수

● 주요논저

　중국어학개론(공저)
　한자를 찾아서
　중국어 음운학
　중국어 통시음운론
　그 외 논문 다수

중국어 통시음운론

초판 인쇄 2019년 8월 1일
초판 발행 2019년 8월 12일

지은이 | 이재돈
펴낸이 | 하운근
펴낸곳 | 學古房

주   소 | 경기도 고양시 덕양구 통일로 140 삼송테크노밸리 A동 B224
전   화 | (02)353-9908 편집부(02)356-9903
팩   스 | (02)6959-8234
홈페이지 | www.hakgobang.co.kr
전자우편 | hakgobang@naver.com, hakgobang@chol.com
등록번호 | 제311-1994-000001호

ISBN   978-89-6071-879-1 93720

값 : 10,000원

이 도서의 국립중앙도서관 출판예정도서목록(CIP)은 서지정보유통지원시스템 홈페이지(http://seoji.nl.go.kr)와 국가자료종합목록시스템(http://www.nl.go.kr/kolisnet)에서 이용하실 수 있습니다. (CIP제어번호 : CIP2019027224)

※ 파본은 교환해 드립니다.